隔代的教育是爱的叠加,更是成长的接力。

隔代教育

木梓 著

北方妇女儿童出版社

·长春·

版权所有　侵权必究

图书在版编目（CIP）数据

隔代教育 / 木梓著 . -- 长春：北方妇女儿童出版社 , 2025. 8. -- ISBN 978-7-5585-9137-2

Ⅰ . G78

中国国家版本馆 CIP 数据核字第 2025M6Y810 号

隔代教育

GE DAI JIAOYU

出　版　人		师晓晖
责任编辑		王天明
装帧设计		天下书装
开　　　本		710mm×1000mm　1/16
印　　　张		12
字　　　数		200 千字
版　　　次		2025 年 8 月第 1 版
印　　　次		2025 年 8 月第 1 次印刷
印　　　刷		三河市南阳印刷有限公司
出　　　版		北方妇女儿童出版社
发　　　行		北方妇女儿童出版社
地　　　址		长春市福祉大路 5788 号
电　　　话		总编办：0431-81629600

定　　价　49.80 元

前 言

在现代快节奏的生活中，因年轻父母工作繁忙，祖辈在孩子成长中的角色越发重要。

然而，祖辈常不自觉地陷入"超级保姆"角色，过度照顾限制了孩子的独立思考和解决问题能力。真正的隔代教育应鼓励孩子自理，如穿衣、整理书包、参与家务，培养孩子的自理能力和自信。

过度溺爱也是隔代教育中的陷阱，易使孩子任性、依赖性强，缺乏应对挫折的能力。祖辈应设定合理作息，教导基本礼貌，帮助孩子树立正确的价值观和良好的行为习惯。适度的管教和规矩是孩子学会面对生活挑战的关键。

为了孩子健康成长，祖辈应与父母紧密合作，尊重彼此的教育观点，保持沟通，共同制订教育策略，确保教育的一致性和连贯性。父母主导教育，祖辈辅助，共同营造和谐的家庭氛围。

祖辈的人生经验和阅历是年青一代的宝贵财富。将这些智慧传递给孙辈，不仅能帮助他们少走弯路，更是家族文化的传承。同时，祖辈也应与时俱进，学习新知识和新技能，成为孩子的良师益友。

当孩子遇到挫折或迷茫时，祖辈的倾听和情感支持尤为重要。祖辈应成为孩子坚实的后盾，理解他们的感受，给予无条件的爱与支持。此外，祖辈还应帮助孩子学会应对社交挑战，增强自信心和适应能力。

良好的沟通是增进祖孙感情的桥梁。祖辈应学会倾听孩子的想法，做忠实的听众，给予孩子关注和尊重。通过共同参与游戏和活动，祖辈可以拉近与孩子的距离。同时，正确的肢体语言也能传递关爱。

《隔代教育》一书提供了育儿智慧，旨在助力他们成为孩子成长路上的坚实支撑。无论你是爷爷奶奶还是外公外婆，都能从中汲取力量，用爱和智慧陪伴孩子成长。祖辈的智慧与爱心将成为孩子成长道路上最宝贵的财富，帮助他们茁壮成长。让我们携手，成为孩子人生旅途中的温暖港湾，共同书写他们美好的未来。

目 录

第一章 祖辈变身超级育儿侠

隔代教育是什么 / 002

祖辈的花样育儿 / 008

隔代教育会踩什么坑 / 014

融入社区带娃大军 / 020

抱着宠物来带娃 / 026

第二章 隔代教育,别坑娃

别做"超级保姆",让孩子自己动手 / 034

溺爱,是害不是爱 / 040

孩子不能不遵守规矩和礼仪 / 046

祖辈也要跟上潮流,别做老古董 / 052

别让自己成为孩子的避风港 / 058

第三章 和爸妈一起做育儿"铁三角"

爸妈的意见听听也无妨 / 066

在孩子面前说爸妈的坏话,万万不行 / 072

这种情况祖辈得靠边站，让爸妈来 / 078

让孩子知道，爸妈才是教育的掌舵人 / 084

祖辈 + 爸妈 = 超能战队 / 090

第四章　祖辈是孩子成长的小助手

用丰富的经验帮孩子少走弯路 / 098

让孩子在快乐中成长 / 104

和孩子一起学新招儿，不落伍 / 110

教孩子学会珍惜，从点滴做起，养成好习惯 / 116

让孩子成为"小暖男/女" / 122

第五章　让孩子的成长之路不跑偏

孩子打人时，祖辈不要当"和事佬" / 130

别用"狼来了"吓唬孩子 / 136

做孩子的心灵急救包，不做冷漠路人甲 / 142

物质激励可以有，但别让孩子变成"贪心鬼" / 148

让孩子不惧怕与人交往 / 154

第六章　和孙辈沟通的妙招儿

倾听孩子的想法，做他的忠实听众 / 162

真心夸奖孩子，让他感受到满满的爱意 / 168

用游戏和活动带好娃 / 174

信任孩子，成为他的坚强后盾 / 180

第一章

祖辈变身超级育儿侠

在现代社会，隔代教育成为家庭育儿的重要形式。祖辈以丰富的经验和无尽的爱心变身超级育儿侠，不仅传承着家族传统与价值观，还通过创新活动激发孩子的学习兴趣。然而，祖辈的教育方法可能面临着与现代教育理念的冲突及适应新方法的挑战。尽管如此，他们积极寻求支持，甚至带着宠物参与育儿，增添乐趣。在参与育儿的过程中，祖辈不断学习和调整，努力在传统与现代之间找到平衡，确保孩子在爱与理解中健康成长。

隔代教育是什么

隔代教育，就是爷爷奶奶、姥姥姥爷等长辈辅助爸爸妈妈照顾和教育第三代。

当年轻父母因为工作繁忙而无法亲自照顾孩子，通常会选择将孩子交给祖辈来抚养和教育，这就形成了隔代教育。

▶ 育儿聚焦 ◀

隔代教育在中国非常常见，特别是在城市，差不多有一半儿的孩子是在爷爷奶奶或姥姥姥爷的呵护下长大的。

年轻父母工作繁忙，祖辈的陪伴可以填补孩子的情感空缺。孩子放学回家，总有祖辈笑脸相迎、热饭备着，这份稳定的日常照料能够给予孩子安全感，避免孩子因父母偶尔晚归产生焦虑孤独。

同时，当年轻父母奔波于职场时，祖辈能充分填补孩子的课余时间和假期，因为他们有大把闲暇时间陪着孩子探索自然，看蚂蚁搬家、识花草四季更迭，陪孩子走到户外、释放天性，让孩子不必困于空荡荡的屋子等待父母下班。这种陪伴让孩子在成长关键期不缺关怀，心理发展更平稳，情感需求及时满足，有利于孩子社交技能的培养，面对陌生环境时，孩子也能自信融入。

第一章　祖辈变身超级育儿侠

祖辈承载家族记忆、家风家训时，可以在育儿中润物细无声地传递这些珍贵的精神财富。日常围坐时，祖辈讲述家族先辈奋斗、迁徙的故事，孩子知晓根源，增强归属感与家族荣誉感；逢年过节时，祖辈主导传统习俗，写春联、包饺子、祭祖先，孩子参与其中，理解"礼"的内涵，敬畏文化传统，培养对民族精神的认同，在文化滋养下培养更深的精神寄托与人文底蕴，于时代浪潮中守住民族文化根本，成长为有根之人。

育儿进阶

虽然祖辈育儿带来了很多好处，但也不能忽视其中存在的挑战和问题。

首先，祖辈和年轻父母的教育观念可能会有所不同。比如，年轻父母可能希望孩子多参加一些兴趣班和课外活动，而祖辈则认为孩子应该多在家休息，少参加外面的活动，以免孩子

太累。这种差异有时会导致在教育孩子时产生分歧，引发家庭矛盾，还可能让孩子感到困惑和无所适从。孩子在不同教育方式之间摇摆不定，难以形成稳定的性格和行为模式。

其次，过度溺爱也是一个需要注意的问题。祖辈害怕孩子受委屈，总是千方百计地满足孩子的每一个需求，甚至纵容孩子的不良行为。例如，孩子犯了错误，祖辈可能会因为心疼而包庇孩子，不让孩子受到应有的惩罚。这种过度溺爱容易导致孩子形成依赖心理，缺乏独立性和自主性。长此以往，孩子可能变得娇气、任性，缺乏面对困难和挫折的能力。

最后，祖辈虽然经验丰富，但在科学育儿方面的知识可能有所欠缺。他们更依赖于传统的育儿方法，而忽略了现代医学和心理学的最新研究成果。这种缺乏科学指导的教育方式有时会对孩子的身心健康造成不利影响。例如，祖辈可能不了解正确的饮食搭配和运动方式，导致孩子出现营养不良或体质弱的问题。

 **故事时间**

乐欣是个活泼可爱的小女孩儿，今年7岁，刚上小学一年级。她的爸爸妈妈都是上班族，每天早出晚归，工作非常忙碌。为了让乐欣有一个更好的成长环境，乐欣的爷爷奶奶搬到了城里，和乐欣一家一起住。

每天早晨，乐欣醒来后，奶奶已经做好了香喷喷的早餐。有时

第一章 祖辈变身超级育儿侠

是热腾腾的包子，有时是金黄的煎蛋，有时是奶奶亲手包的饺子，乐欣最喜欢吃奶奶做的西红柿炒鸡蛋。

吃完早餐，爷爷会送乐欣去学校。路上，爷爷会给她讲各种有趣的故事，有时是古代的英雄传说，有时是自然界的奇妙现象。乐欣听得津津有味，每次都想听更多。

放学后，爷爷会在校门口等着乐欣。乐欣做完作业后，爷爷会仔细检查，帮助她改正错误。如果遇到不会的题目，爷爷总是耐心地解释，直到乐欣完全理解为止。有一次，乐欣在一道数学题上卡住了，爷爷拿出了他年轻时用过的算盘，一边演示一边讲解，乐欣很快就明白了。

除了学习，爷爷奶奶还教会了乐欣很多生活技能。奶奶教她做简单的家务，比如扫地、洗碗。乐欣学得很快，每次做完家务都会得到奶奶的表扬，这让她感到非常自豪。爷爷则教她认识植物和动物，

隔代教育

带她去公园观察大自然。乐欣学会了辨认各种花草,还知道了很多昆虫的名字。

在爷爷奶奶的陪伴下,乐欣的童年充满了快乐和温暖。

育儿指南

为了充分发挥隔代教育的优势,减少其弊端,我们需要采取一些具体的策略,确保孩子在爱与关怀中健康成长。

首先,多和孩子爸妈聊聊天儿。虽然祖辈经验丰富,但年轻父母也有他们的策略。不妨每周或每月找个时间,全家人围坐在一起,像开茶话会一样聊聊孩子的学习和日常,还有那些让人头疼的小难题。这时候,老一辈得放下架子,耐心听年轻人的想法,同时也把自己的经验、故事拿出来分享,遇事多商量,别让孩子成为家庭教育的"夹心饼干"。

其次，不要对孙辈溺爱。虽然祖辈心疼孩子，总想尽全力呵护他们，但溺爱绝不是好事。因此我们要学会适当放手，让孩子自己完成一些力所能及的事情，如整理书包、收拾自己的屋子等。当孩子遇到问题时，我们可以引导他们自己思考解决办法，而不是直接给出答案。这样一来，孩子不仅锻炼了思维，还能慢慢学会担当，勇敢面对生活中的挑战。

最后，我们要提高自己的教育水平和文化素养。现在网络发达，学习资源很多。我们可以在线学习最新的育儿理念和方法，在家里备一些儿童心理学、教育学的书籍，时常翻一翻，增长知识的同时，还有助于了解孩子的内心。这样一来，我们就能用更科学、更接地气的方式陪伴孙辈健康成长。

育儿总结

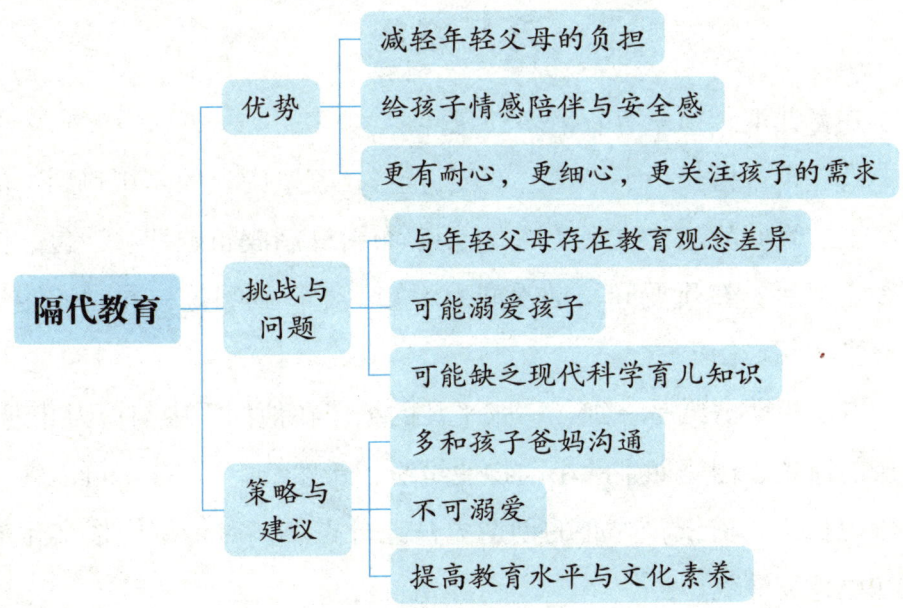

祖辈的花样育儿

在现代社会,祖辈不仅仅是孩子的照顾者,更是创意十足的育儿高手。他们用自己的智慧和爱心,为孩子编织了充满乐趣和惊喜的成长世界。从自制的玩具到创意十足的手工活动,从传统故事到现代科技的应用,祖辈的育儿方式五花八门,令人赞叹不已。

▶ 育儿聚焦 ◀

在育儿上,祖辈有着诸多的花样。

有些祖辈擅长手工,常"变废为宝",家里废弃的碎布料到了他们手上,瞬间就能"改头换面"。用碎布料缝制成布娃娃、沙包,孩子爱不释手,在玩耍间,动手能力不知不觉得到锻炼,同时还能学会珍惜物品。

有的祖辈剪纸是一绝,一张平凡的纸,在他们手中与剪刀相遇,喜庆的窗花、栩栩如生的小动物便纷纷"跃然纸上",孩子可以在一旁学习折纸、剪纸,内心的创造力被充分点燃,对传统民俗文化的认知也越发深刻。

若是祖辈生活在乡村,那广阔的田园就是他们育儿的天然场地。

第一章 祖辈变身超级育儿侠

田间地头摇身一变,成了孩子尽情撒欢的游乐场。在这里,祖辈带着孩子认识形形色色的农作物,手把手教孩子播种、浇水、除草、收割,让孩子亲身感受农事的艰辛与收获的喜悦;抓泥鳅、逮蚂蚱等,可以让孩子尽情亲近大自然,孩子的天性得以释放,心中埋下观察与耐心的种子。

有的祖辈非常善于讲故事,如传统的民间传说。通过这些故事,孩子们可以学到很多知识,还能学会如何面对困难和挫折。有的祖辈还是戏曲"发烧友",在家哼唱京剧、越剧、黄梅戏时,不忘教孩子几句简单唱词,带着孩子模仿戏曲动作,讲述戏曲背后的历史典故,为孩子打开传统艺术的大门,培养艺术审美。

育儿进阶

祖辈在育儿过程中不仅仅是孩子的家人,更是孩子的玩伴和老师。他们除了照顾孩子的日常生活之外,还会支持孩子情感、认知、社会性等方面的全面发展。

隔代教育

当孩子在学校与同学之间发生矛盾,感到沮丧和无助时,祖辈会耐心地倾听孩子的诉说,然后分享自己的经历,告诉孩子如何去面对和解决这些问题。这种来自长辈的理解和支持能让孩子感到温暖和安慰,也能让孩子学会如何处理人际关系。

祖辈是老传统的守护者,他们喜欢教孩子老一辈留下来的礼貌和规矩,比如见到人要打招呼,对长辈要恭敬,吃饭时要等长辈先动筷子……这些看似简单的小细节,其实是大有学问的。

孩子学会了这些,就知道在和人交往的时候该怎么做才是对的,不会让人觉得没礼貌或者不懂事。

故事时间

蒋山是在爷爷蒋建国和奶奶王玉兰的陪伴下长大的,两位老人都是退休教师,特别懂得教育孩子。

有一天,蒋山放学回家,脸上挂满愁云。爷爷一看,就知道小家伙遇到难题了。一问之下,原来是蒋山在学校不小心打翻了同桌的水杯,把同桌的作业本弄湿了,两人因此吵了起来。爷爷拍拍蒋山的背,温和地说:"孩子,犯错不怕,关键是要勇于承认错误并改正。来,我给你讲讲我年轻时候的故事。"爷爷讲了自己小时候弄坏同学的书,勇于道歉并赔偿,结果两人还成了好朋友的事情。蒋山听完,心里豁然开朗,决定明天去向同桌道歉。第二天,他

第一章　祖辈变身超级育儿侠

鼓起勇气向同桌说了"对不起",还提出帮忙重做作业。同桌一听,笑了,两人和好如初。

周末,蒋山的家里总是热闹非凡,因为奶奶会准备一桌子好吃的。吃饭时,奶奶会教蒋山餐桌礼仪,比如等长辈先动筷子再开始用餐,不挑食,吃完要说"谢谢"。奶奶还会讲很多传统节日的故事,比如中秋节赏月、端午节包粽子,蒋山听得津津有味,对中国传统文化越来越感兴趣。

暑假的时候,爷爷带着蒋山回老家玩儿。那是一个美丽的小村庄,绿树成荫,空气新鲜。爷爷指着一座老房子说:"这是我们以前住的地方,虽然那时候条件不好,但我们一家人很开心。"蒋山听得入了迷,还学会了择菜、喂鸡,体验了农村生活的乐趣。

两位老人的陪伴和教育让蒋山健康快乐地成长,也让家庭充满了温馨与和谐。

隔代教育

● 育儿指南

要做孩子的玩伴和老师,祖辈可以用自己的智慧和经验设计出许多有趣且有益的活动,既好玩儿又能让孩子学到东西。

比如"家族故事大会"。让家里的孩子和祖辈每个人都准备一个关于家族的小故事,可以是祖辈年轻时的趣事,也可以是家族传承下来的好习惯。大家围坐在一起,轮流讲述,不仅能增进家族成员间的感情,还能让孩子更了解家族的历史和文化。

或者来一场"家庭运动会"。设置一些简单有趣的比赛项目,比如跳绳、踢毽子、接力赛等,让孩子在游戏中锻炼身体,同时学会团队合作和公平竞争。祖辈可以担任裁判或教练,既能保证活动的安全,又能和孩子一起享受运动的乐趣。

还可以尝试"家庭厨艺大赛"。孩子在祖辈的指导下,学习制作一些传统的家乡美食。从挑选食材、准备工具到烹饪,每一步都让孩子参与其中。这样不仅能培养孩子的动手能力,还能让他们了解

家乡的风味和文化。

当然,还可以组织一些户外活动,比如郊游、野餐或植树等。在大自然中,孩子能亲近自然,感受生命的美好,同时也能学会尊重和保护环境。祖辈可以利用这个机会,给孩子讲述自然和生态的知识,培养他们的环保意识。

总之,祖辈在设计活动时要注重活动的趣味性和教育性,让孩子在玩中学、学中玩,既能增长知识,又能增进亲情。

育儿总结

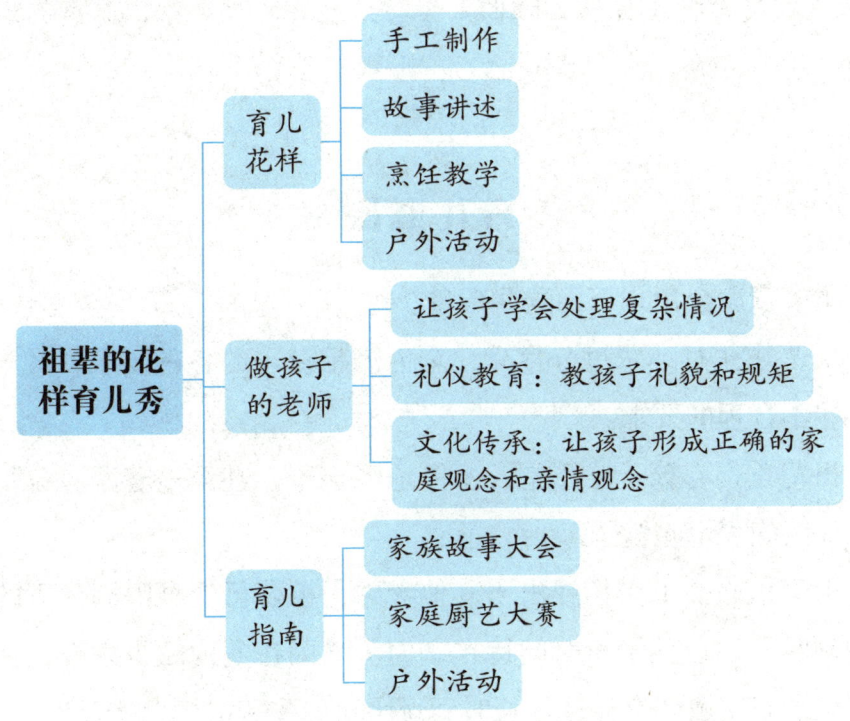

隔代教育会踩什么坑

很多祖辈会参与对孩子的教育，从牙牙学语到蹒跚学步，从礼貌用语到待人接物，从拼音数字到遣词造句。值得肯定的是祖辈的耐心和经验，同时也要警惕祖辈的固化思维，防止他们陷入育儿陷阱，频频踩坑。

▶ 育儿聚焦 ◀

很多家庭会出现下面这些现象。

祖辈往往对孙辈过分疼爱，全力满足孩子的各种要求，甚至包括一些不合理的要求。

祖辈总担心孩子吃不饱，不停地喂孩子，甚至追着喂，哪怕孩子已经明确表示吃饱了。

由于担心孩子受伤或出于其他考虑，祖辈可能会限制孩子的户外活动时间，让孩子长时间待在室内。又因在室内缺少乐趣，为了哄孩子开心，祖辈会让他们长时间玩手机、平板等电子产品。

当孩子出现一些不良习惯，如随地扔垃圾、说脏话时，祖辈可能会觉得只是孩子调皮，不会严肃制止，甚至会觉得这些行为很可爱，无形中助长了孩子不良习惯的延续。

祖辈可能会过于关注孙辈的物质需求，却忽视了与孩子之间的情感交流，觉得只要满足孩子的物质需求，孩子就会感到幸福。

在教育孩子方面，祖辈可能会坚持一些陈旧的教育观念，如认为男孩子就应该玩玩具车、玩具枪，女孩子就应该玩娃娃、过家家。

 育儿进阶

如果隔代教育踩了上述的坑，会导致很严重的后果。

首先，会导致孩子的性格产生缺陷。一般被溺爱的孩子会任性、自私，这样的孩子缺乏解决问题的能力，在面对挑战时更容易放弃。

如果喂养无度，孩子容易出现肥胖问题，会影响他们的外貌和自信心，还会引发一系列与肥胖相关的健康问题，如心血管疾病、糖尿病、高血压等。

隔代教育

　　缺乏足够的运动会让孩子的身体素质下降，影响他们的骨骼发育和心肺功能。长时间盯着电视、手机等电子设备，还可能导致孩子视力下降，出现近视等视力问题。视力不佳的孩子可能会在课堂上难以集中注意力，影响学习成绩，甚至影响他们未来的职业选择。

　　纵容孩子的不良习惯会让孩子误以为这些行为是被允许的，从而加深他们对这些错误行为的认知和接受度。长期下去，孩子可能会形成不良的行为模式和价值观，难以纠正。

　　如果祖辈只注重物质给予，而忽略了与孩子的情感沟通，孩子可能会感到孤独和不被理解，进而影响他们的心理健康和情感发展。

　　最后，祖辈的陈旧观念和传统思想可能对孩子产生潜移默化的影响，导致他们的价值观偏离现代社会的主流价值观，在未来的生活中会难以适应社会的发展和变化。

 **故事时间**

　　小派是个活泼可爱的5岁小男孩儿，由于爷爷奶奶对小派疼爱有加，对他的许多行为都采取了纵容的态度。

　　有一天，小派和爷爷一起散步时，看到路边有个空瓶子，他随手捡起来扔向了路边的垃圾桶，但并未扔中，瓶子滚落在地上。爷爷见状，只是笑了笑，说："小派真调皮！"并没有要求小派把瓶子捡起来重新扔进垃圾桶。

不久后，小派在幼儿园里和小朋友玩耍时，因为争抢玩具而说了脏话。老师把情况反映给了小派的父母，父母想要纠正小派的行为，但当他们严厉批评小派时，爷爷奶奶站出来为小派开脱："孩子还小，不懂事，长大就好了。"

就这样，小派在爷爷奶奶的纵容下，不良习惯越来越多。他不仅随地乱扔垃圾，还经常在公共场合大声喧哗、说脏话。渐渐地，小派的朋友越来越少，小朋友们都不愿意和他一起玩。

有一天，小派在公园里因为乱扔垃圾被一位阿姨批评，他哭着跑回家找爷爷奶奶。这时，爷爷奶奶才意识到问题的严重性。

爷爷奶奶开始与小派的父母一起纠正小派的不良习惯，他们耐心地引导小派树立正确的行为准则和价值观，鼓励他改正错误，成为一个好孩子。在大家的共同努力下，小派的不良习惯逐渐得到了纠正，重新赢得了小朋友们的友谊和尊重。

隔代教育

育儿指南

为了避免隔代教育出现这些问题，家庭成员需要共同努力，找到一个平衡点。

制订规则和界限：父母和祖辈可以共同制订一些家庭规则，明确哪些行为是可以接受的，哪些是需要纠正的。当孩子出现不良习惯时，祖辈要及时纠正，而不是纵容。

注重营养均衡与健康生活方式：祖辈应该学习一些营养知识，了解如何为孩子提供健康的食物。并且鼓励孩子多参加户外活动，培养运动习惯，促进身心健康发展。

引导孩子正确使用电子产品：祖辈与父母一起设定合理的电子设备使用时间，避免孩子沉迷于游戏。同时，鼓励孩子参与更多有益的活动，如阅读、绘画、手工等，丰富他们的课余生活。

重视情感交流与陪伴：祖辈要在日常生活中多与孩子聊天儿，

了解他们的内心世界,给予他们更多的关心和陪伴。通过情感交流,帮助孩子建立自信,增强他们的心理韧性。

更新教育观念,尊重孩子的个性发展:祖辈要尝试接受一些新的教育理念,尊重孩子的兴趣和选择,避免用传统的刻板印象来限制他们的发展。每个孩子都是独特的个体,应该有自由探索和发展自己的机会。

育儿总结

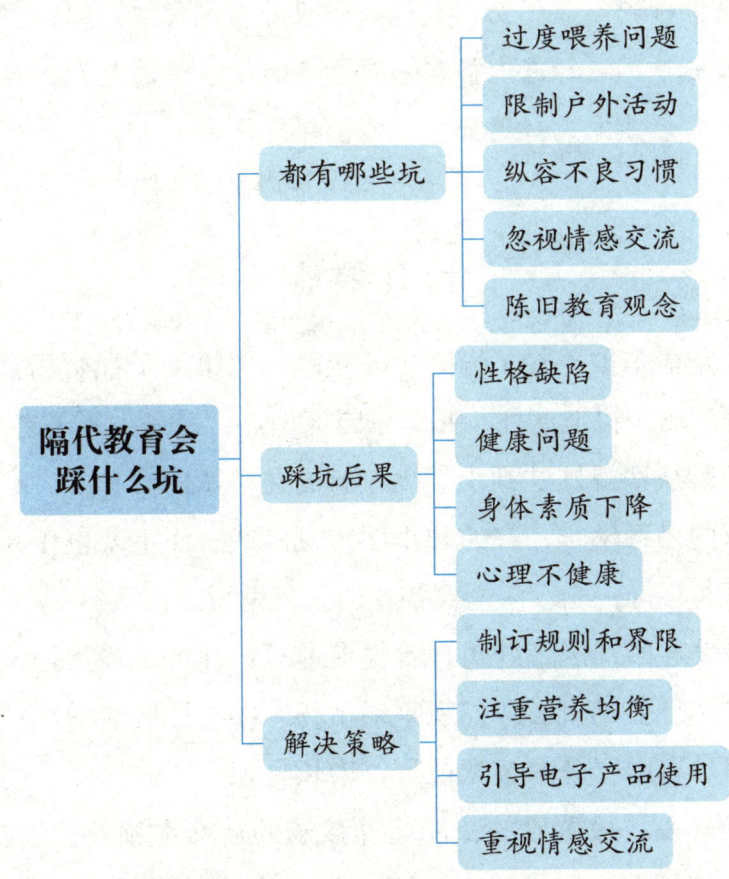

融入社区带娃大军

祖辈居家带娃有一个近在咫尺的"遛娃乐园"——社区。我们经常看到爷爷奶奶、姥姥姥爷推着小车聚在一起,孩子则快乐地一起玩耍,老人们在一旁看着孩子、聊着天儿。这种融入社区的带娃方式对祖辈、对孩子都益处多多。

▶ 育儿聚焦 ◀

社区是很多孩子除了家庭之外接触到的第一个社交场合,在社区的健身广场、绿地草坪、儿童乐园等地点,总是少不了老少组合,孩子的年龄从襁褓娃娃到小学生,有的在祖辈的看护下,晒着太阳睡觉,有的蹒跚学步,有的和小朋友玩游戏。而祖辈也乐此不疲地交流着育儿心得,或者谈论着各家的家长里短。

看似普通的社区带娃蕴含着很多道理:社区环境为孙辈提供了接触自然和社会的机会,如观察动植物、参与社区活动等;祖辈的陪伴和引导有助于孙辈拓宽视野,增长见识,同时培养他们对自然和社会的热爱。最重要的是能培养孩子的社交本领:孩子在社区、在祖辈的庇护下迈出了社交的第一步,并逐渐结交自己的好朋友,这对孩子的身心发展都至关重要。

第一章　祖辈变身超级育儿侠

在社区里活动,孩子们成为好友、发生冲突都是正常现象,祖辈要以淡然的态度去看待,而不是一味地守护孩子。

 **育儿进阶**

除了社交之外,融入社区的带娃大军对祖辈和孩子双方的身体健康都是有益处的。老人遛娃,权当强身健体;孩子快乐嬉戏,自然能茁壮成长。

小孩子正处于生长发育的关键时期,户外活动对他们的成长至关重要。小区里绿树成荫,空气清新,孩子在这里奔跑、玩耍,不仅能够增强体质、提高免疫力,还能促进骨骼发育,长得更高更壮,同时能减少孩子面对手机等电子设备的时间,很好地保护了孩子的视力。

社区带娃不仅指带着孩子下楼去玩耍嬉戏,很多祖辈喜欢串门,带着孩子去串门也是社区带娃的好方法。带娃串门时,

隔代教育

孩子可参观不同家庭的布置，了解他人的生活方式和习惯，接触到家中没有的物品、书籍等，拓宽视野，丰富认知，激发好奇心。出发前祖辈要告诉孩子串门的目的和基本礼仪，如进门要问好、不乱翻东西等。还可让孩子准备一个小礼物或拿手的小作品作为串门的礼物，增强孩子的参与感。

祖辈要以孩子的天性需求为出发点，带他们下楼玩耍，带他们去社区，帮他们融入其他孩子中间，为了他们的身心双重成长做出一些改变。同时，发现这种改变的乐趣，享受社区带娃育儿的天伦之乐。

 **故事时间**

豆豆是王奶奶的孙子，豆豆的爸爸妈妈工作繁忙，周末才能带他，所以每到周一，豆豆就会被送到王奶奶这里来，由王奶奶照顾。

清晨，王奶奶会牵着豆豆的小手，一起在小区的花园里玩耍。豆豆在草地上奔跑、嬉戏，而王奶奶则跟在后面，微笑着看着孙子的一举一动，眼里满是宠溺。

有一天，小区举办了一场亲子运动会，邀请所有居民参加。王奶奶原本有些犹豫，觉得自己年纪大了，不适合参加这样的活动。但豆豆却兴奋地拉着她的手，说："奶奶，我们去参加吧！我想和您一起玩游戏！"看着孙子期待的眼神，王奶奶为了给豆豆一个难忘的回忆，答应了。

在运动会上,王奶奶和豆豆组成了一个特别的"祖孙队"。他们一起参加了接力赛跑、跳绳比赛,还一起制作了手工装饰品。王奶奶坚持完成了每一项比赛,而豆豆也在奶奶的鼓励下,勇敢地挑战自己。

虽然他们没有赢得比赛的冠军,但王奶奶和豆豆却收获了比奖杯更珍贵的东西——彼此的陪伴和成长。在比赛结束后,豆豆紧紧抱住王奶奶,开心地说:"奶奶,您真是太棒了!我好爱您!"那一刻,王奶奶的眼眶湿润了,她感受到了前所未有的幸福和满足。

从那以后,王奶奶和豆豆的关系更加亲密了。他们一起在小区里种花、养鸟,一起参加社区的各种活动。豆豆越来越健康强壮,王奶奶的心态也更加年轻了。

◉ 育儿指南

祖辈在社区带娃时,对不同年龄段的孩子应采取不同的方式。

对于一周岁以内的婴幼儿,下楼活动的第一要素是看天气预报,给宝宝穿合适的衣物,带上两三件宝宝喜爱的玩具,以便安抚宝宝的情绪。

对于已经能独立行走的幼儿,要重点锻炼他们的运动能力,多参与滑梯、沙坑、玩水、平衡车等项目。此时的宝宝,活动范围扩大,会好奇地触摸见到的各式各样的东西。祖辈首要做的是保障安全,告诉他们哪些是安全的,哪些是危险的,但是不要一味地制止孩子去探险,适当让他们去感受危险和疼痛,更有助于他们建立安全意识。

隔代教育

对于幼儿园阶段的宝宝，祖辈需要适当放手。此时的宝宝已经知道了什么是危险的，所以无须时刻保护，但是要保证他们在自己目之所及的范围内。此时的宝宝可能会和其他孩子发生冲突，祖辈要尽可能让他们自己去解决问题。

上小学的孩子已经可以独自玩耍，祖辈要给他们立规矩，如玩多久要回家，要求他们多进行体育运动而不是毫无目地消耗精力。这个时期的孩子要多锻炼自理能力和自律性以及社交能力，并辅助他们建立正确的"三观"。

在社区带娃育儿，祖辈要多和其他带娃长辈交流，祖辈之间的沟通可以在带娃育儿这方面互通有无，取长补短，避免踩坑。

育儿总结

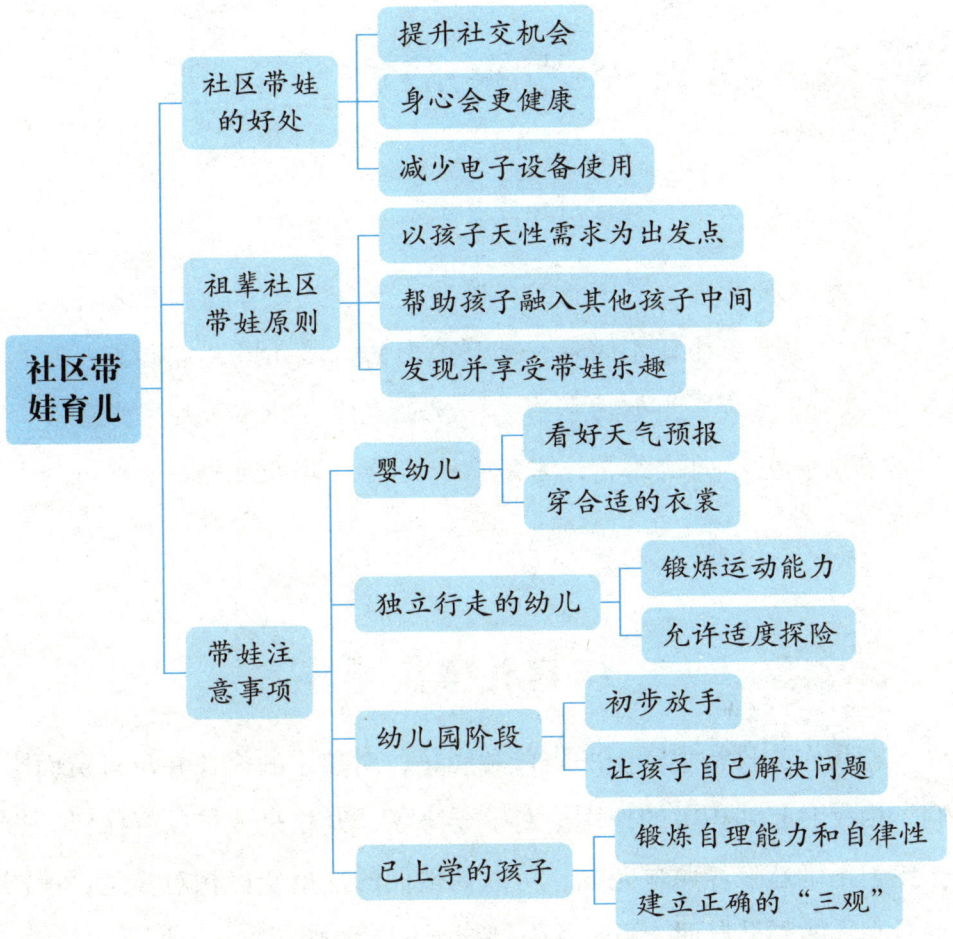

抱着宠物来带娃

很多祖辈喜欢养宠物陪伴晚年生活，从猫猫狗狗到花鸟鱼虫。但是当带娃育儿的责任落到他们的肩膀上时，有些家长认为宠物应该从育儿生活中消失，担心宠物会给孩子带来危险和病菌。他们不知道的是，家里有个宠物，对祖辈和孩子都好处多多、利大于弊。

▶ 育儿聚焦 ◀

宠物作为日常生活中的陪伴和慰藉，对孩子的成长并没有负面影响，相反会起到积极的作用。对孩子来说，宠物是成长的好伙伴。教导孩子正确地喂养照顾宠物，可以让他们的性格变得相对稳定，更富有爱心，能更早自理。祖辈要引导孩子一同照顾宠物——喂养、洗澡、治病、带它们下楼拉尿等，还要和它们互动，让孩子在爱上宠物的同时懂得责任，有助于他们学会尊重生命，并形成自律的时间观念。

试想一个场景：一个6岁的孩子牵着一只可爱的狗在小区里奔跑，爷爷在后边一边微笑一边看着，周围同龄的孩子们纷纷投来羡慕的目光，不一会儿，孩子和狗就成了小朋友们的中心，孩子开心并自豪地向大家介绍他的狗。这既解放了爷爷，也为孩子的社交打开了新天地，让孩子充分体会到自豪感。

带着宠物带娃也有很多注意事项，最重要的是安全，尤其是猫狗拥有尖锐的牙齿和爪子，对于小朋友来说是存在安全隐患的，所以要给宠物定期注射疫苗，教育孩子正确地和宠物互动，以及正确喂养宠物的方法。同时，训练宠物保持情绪稳定。在保障安全的前提下，让宠物成为孩子的亲密伙伴，成为孩子和祖辈以及其他家人朋友之间的情感桥梁，帮助孩子建立完善的人格和爱心，通过喂养宠物建立孩子的自信心和责任感。

育儿进阶

家养宠物对孩子来说好处多多，大家普遍的认知是孩子养宠物可以锻炼身体、培养爱心等，其实还有一点很重要——养宠物可以提高孩子的抗过敏能力和免疫力。

《新英格兰医学杂志》的一项研究发现，婴儿期生活在有宠物狗的家庭中，孩子在6岁时患哮喘的风险降低了13%，患

湿疹的风险降低了20%。研究人员认为，这可能与宠物携带的微生物有关，宠物绒毛作为微生物的载体，间接对孩子的免疫系统产生了有益的影响。

宠物携带多种微生物，这些微生物有助于增加孩子体内微生物的多样性。从小与宠物相处的孩子，由于长时间暴露于宠物的微生物环境中，免疫系统得到了持续的"锻炼"，孩子与宠物接触的频率越高，微生物多样性对免疫系统的影响越显著。定期抚摸、玩耍和清洁宠物，能增加孩子与微生物的接触机会。另外，宠物携带的某些微生物具有抗炎作用，可以减轻体内的炎症反应，从而增强免疫力。与宠物相处还能带来心理上的安慰和放松，减少压力。心理健康的改善也有助于免疫系统的健康和功能。

当然，是否为孩子养一只宠物最终取决于家庭对宠物的接受程度，如果家庭成员都喜欢宠物，那么宠物对于孩子来说就是成长的伙伴；如果无法达成统一意见，那么就不要养宠物了，和睦的家庭是孩子成长的基础，宠物只能起到辅助作用。

小明家有一个特别的成员——一只毛茸茸的金毛犬，名叫皮特。

小明从小就与皮特形影不离，每当小明因为学习成绩不佳或是与朋友发生小争执而难过时，皮特总能察觉，它会用那双温柔的眼睛看着小明，仿佛在说："别难过，有我在呢。"

第一章　祖辈变身超级育儿侠

小明比同龄的孩子更少生病，即便是在流感季节，他也总能安然度过。奶奶告诉他，皮特身上携带着各种微生物，在与小明日常接触中，它们无形中帮助他构建了一个更加坚韧的免疫系统。

小明更加珍惜与皮特在一起的每一刻。他学会了如何正确地照顾皮特，从喂食、散步到定期洗澡。小明学会了如何照顾宠物。

有一次，学校发生了一场轻微的流感，许多小朋友中招儿了，但小明依然保持着健康，活力四射地穿梭在校园里。

奶奶看在眼里，乐在心里。她把这段经历分享给社区其他家庭，鼓励大家也尝试养宠物，让孩子们在宠物的陪伴中健康成长。很快，社区掀起了一股"宠物热"，越来越多的家庭迎来了新成员。孩子们在宠物的陪伴下，不仅身体更加健康，心灵也得到了极大的慰藉。

从此，社区里的小朋友们经常带着自己的宠物一起玩耍，狗狗们开心地嬉戏，小朋友们开心地做游戏，爷爷奶奶们则坐在一旁，聊着天儿，笑看着这群快乐成长的小精灵。

育儿指南

祖辈带娃养宠物的门道有很多，不是所有的宠物都适合与小朋友和老人一起生活，选择不当也可能带来安全隐患和健康问题。

对于祖辈而言，金鱼、小猫、小狗、仓鼠和小鸟是较为适宜的宠物选择。金鱼易于饲养，能培养孩子的观察力和耐心；小猫聪明独立，温柔友善，能与孩子建立深厚的情感；小狗忠诚活泼，能教会孩子责任与同理心，但选择时需考虑品种与孩子性格的匹配度；仓鼠小巧可爱，活泼好动，适合作为孩子的玩伴；小鸟则以清脆的歌声和美丽的羽毛吸引孩子，能培养他们细致的观察力。

在选择宠物时，应避免大型家畜、具有攻击性的动物，以免给孩子带来安全隐患。

养宠物时，首先要确保宠物的健康。这包括定期接种疫苗、保持宠物身体清洁、进行身体检查等，以预防疾病传播。同时要善待动物，尊重它们的个性和习性，避免过度打扰它们。在与宠物互动时，要保护好孩子的安全，避免被抓伤或咬伤。这要求祖辈以身作则地教会孩子与宠物正确的相处方式，如轻轻抚摸干净的宠物，避免与宠物过于亲密等。

此外，为宠物提供适宜的生活环境也是至关重要的。根据宠物的种类和习性，为它们准备合适的住所、玩具和食物，确保它们能够健康快乐地成长。同时，鼓励孩子参与宠物的日常照顾工作，如喂食、清洁等，这不仅能培养孩子的责任感，还能增进家庭成员之间的情感联系。

总之，祖辈在育儿过程中选择宠物时，应综合考虑宠物的性格、生活习性、照顾难度以及孩子的年龄、兴趣和生活环境等因素。选

第一章　祖辈变身超级育儿侠

择合适的宠物并正确照顾它们，不仅能给孩子带来乐趣，促进孩子成长，还能增进家庭成员之间的感情和互动，共同营造一个温馨、和谐的家庭氛围。

育儿总结

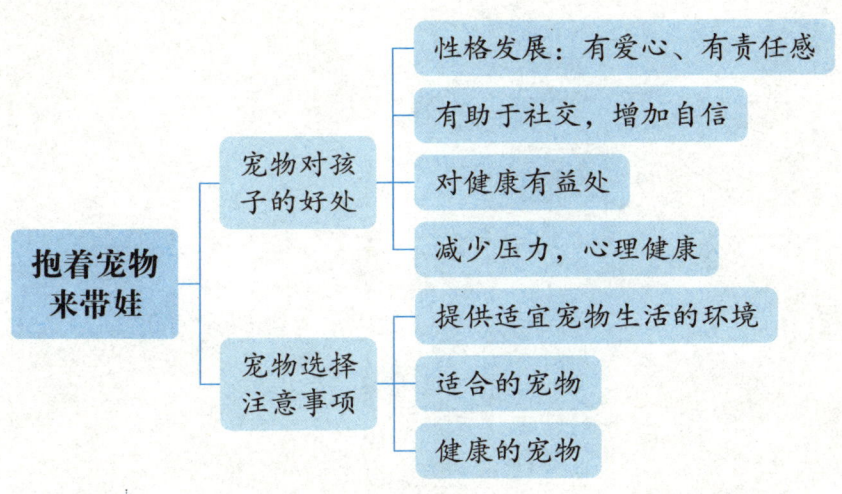

第二章

隔代教育，别坑娃

　　隔代教育需谨慎。祖辈不应事事包办，而应鼓励孩子独立解决问题，培养他们的自理能力和责任感。规矩和礼仪是成长的基石，祖辈应以身作则，帮助孩子建立正确的价值观。同时，祖辈要跟上时代潮流，与孩子更好地沟通，并提供与时俱进的指导。鼓励孩子面对挑战，而不只是成为他们的避风港。祖辈适度放手，给予孩子自由空间，能促进孩子的全面发展，使他们更加坚强和自信。

别做"超级保姆",让孩子自己动手

在隔代教育中,祖辈常常化身"超级保姆",从清晨的第一缕阳光开始,直到夜晚孩子进入梦乡,他们总是无微不至地为孩子打理生活的点点滴滴。但随着现代教育理念的更新,祖辈应意识到,除了日常的照料,培养孩子的独立性和自我管理能力同样重要。

▶ 育儿聚焦 ◀

很多家庭会见到这样的场景。

祖辈早早起床,为孩子准备丰盛的早餐,确保他们能够摄取足够的营养。在餐桌上,祖辈教孩子如何正确使用餐具,如何品尝各种美食。当孩子吃完饭后,祖辈又会忙着收拾碗筷,清洗餐具,确保家庭的整洁和卫生。

祖辈为孩子挑选合适的衣物,确保他们既舒适又时尚。当孩子想要自己穿衣时,祖辈可能会担心他们穿不整齐或弄脏衣服,于是主动接过这个任务。

在学习方面,祖辈陪伴孩子完成作业,耐心解答他们的疑惑。

第二章　隔代教育，别坑娃

当孩子遇到难题时，祖辈虽然鼓励他们独立思考，但又不放心地在一旁默默观察，随时准备伸出援手。

在玩耍时，祖辈更是时刻关注着孩子的安全，确保他们不会受到任何伤害。当孩子想要尝试一些新的游戏或活动时，祖辈可能会因为担心他们受伤或失败而主动提供帮助或建议。

这些行为虽然看似关爱，但这种全方位的照顾和过度的保护让祖辈在不知不觉中成了孩子的"超级保姆"。祖辈愿意为孩子付出一切，却在无意中剥夺了孩子成长的机会。因此，祖辈在给予孩子爱的同时，也需要适度放手，让他们有机会自己去探索、去尝试、去成长。

奶奶，这个我可以自己弄。

哎呀，这个你不会弄，我来给你弄。

 **育儿进阶**

对孩子的过度保护会削弱孩子的独立性，限制孩子的成长。孩子最终会长大成人，会离开家庭独自出去闯荡，因此必须让孩子学会独立。凡事自己动手，这将令他受益终生。

隔代教育

首先，独立的孩子能够照顾自己，比如穿衣、吃饭、整理个人物品等。这些看似简单的技能实际上能提升孩子的自信心和自理能力。他们不再需要依赖他人来完成基本的生活需求，这种自我满足感和成就感会让他们更加自信和独立。

其次，独立的孩子在面对困难和挑战时，能够更冷静地分析，寻找解决问题的方法。他们不会一遇到问题就立即求助于他人，而是会尝试自己解决问题。

再次，独立的孩子更容易融入集体，与他人相处融洽。因为他们懂得如何照顾自己，也能理解他人的需求，这种能换位思考的品质让他们成为受欢迎的朋友。

此外，独立的孩子通常更具有创造力。他们敢于尝试新事物，不畏惧失败，这种勇于探索的精神是推动他们不断前进的动力。

最后，独立的孩子能够更好地规划自己的人生。他们知道自己想要什么，知道如何为自己的目标而努力。这种自我认知和自我驱动的能力让他们在人生的道路上走得更远、更稳。

故事时间

李浩的父母因为工作原因常年在外，所以他一直由爷爷奶奶照顾。爷爷奶奶对李浩疼爱至极，几乎事事都为他代劳，生怕他受到一点儿委屈。

李浩从小就被爷爷奶奶呵护得无微不至，吃饭穿衣、学习玩耍，

第二章 隔代教育，别坑娃

一切都被安排得妥妥当当。他从不需要自己动手，甚至连书包都是爷爷每天帮他整理好的。在这样的环境下，李浩渐渐习惯了依赖，遇到问题总是第一时间找爷爷奶奶解决。

转眼间，李浩上小学了。学校里，老师经常布置一些需要孩子自己动手完成的作业，比如制作手抄报、手工模型等。每当这个时候，李浩总是愁眉苦脸，因为他根本不知道从何下手。爷爷奶奶虽然知道这样下去不是办法，可每次看到李浩无助的眼神，他们又忍不住心软，为他代劳。

时间一天天过去，李浩的依赖性越来越强，不仅在学习上，连生活中的小事也完全依赖爷爷奶奶。有一次，学校组织了一次夏令营活动，要求孩子们独立生活几天。李浩听到这个消息后，心里非常害怕，不知道如何在没有爷爷奶奶的情况下生活。

夏令营的第一天，李浩就遇到了麻烦。他不会叠衣服，行李乱糟糟的，连洗漱用品都找不到。在团队活动中，其他孩子都能熟练地处理各种事务，只有李浩因为缺乏独立解决问题的能力而显得格格不入。

李浩十分懊恼，可他无能为力。

隔代教育

● 育儿指南

　　培养孩子的自理能力其实就像教他们学骑自行车一样，刚开始可能需要家长扶着，但最终的目的是让他们能够独立前行。这里有几个简单又实用的方法。

　　1. 从小事做起，逐步过渡。自理能力的培养应从生活中的小事开始，让孩子从整理自己的玩具、书籍做起，逐步过渡到整理床铺、摆放餐具等更复杂的任务，这些看似简单的小任务却是他们学会自我管理的重要一步。通过完成这些任务，孩子不仅能够获得成就感，还能逐渐认识到自己的能力和价值。

　　2. 设定明确的目标，增强成就感。为孩子设定一些短期可达成的自理目标，如学会自己穿衣、洗漱等。每当孩子达成一个小目标时，就给予他们适当的鼓励和奖励，以此来增强他们的成就感和自信心。这种正向激励的方式能够激发孩子持续学习和进步的动力。

3. 鼓励尝试与犯错，培养时间观念。在自理能力的培养过程中，鼓励孩子勇于尝试，不怕犯错。同时教会孩子认识时间，合理规划自己的日常活动。设定固定的起床、睡觉、学习时间，帮助他们养成良好的生活习惯和时间管理能力。

育儿总结

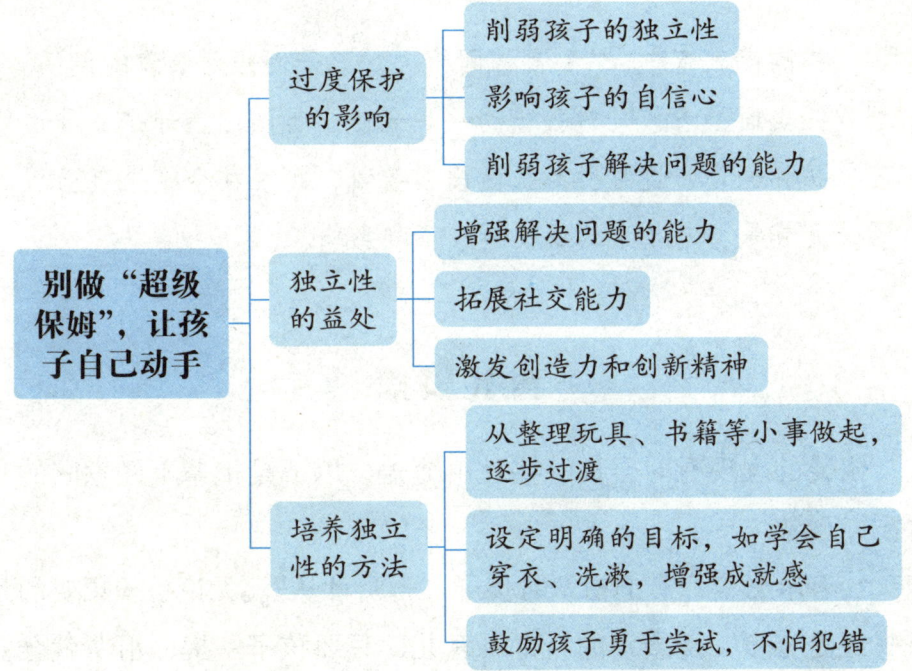

溺爱，是害不是爱

在隔代教育中，祖辈常常因为太爱孩子而陷入溺爱的误区。溺爱，表面上看似是对孩子的一种宠爱，但实际上却是一种过度保护和纵容。这种行为虽然出自善意，可往往会带来负面后果，尤其是会对孩子的成长造成不利影响。

▶ 育儿聚焦 ◀

溺爱的表现有时会被一些理由掩盖，以下是祖辈不经意间的一些溺爱现象。

1. 有求必应：有的祖辈对孩子"言听计从"。无论孩子想要的是玩具还是零食，抑或别的新奇玩意儿，只要孩子一提，祖辈就会立刻满足。

2. 特殊待遇：在家庭中，祖辈可能会给孩子"VIP"级别的待遇。看电视时，让孩子先选电视频道；吃饭时，孩子可以随心所欲地挑自己喜欢的菜。

3. 避免批评：祖辈很少批评孩子，即使孩子做错了事情，也常常轻描淡写地带过，甚至有时还会替孩子找借口，生怕孩子受到一点儿委屈。

4. 无条件的原谅：对孩子极其宽容，无论孩子犯了什么错误，祖辈总是无条件地原谅他们，有时还会替他们承担后果。

5. 忽视规则：在家庭中，祖辈可能会为孩子放宽规则，比如允许孩子晚睡一会儿、多吃一点儿甜食或者多玩一会儿电子设备。

6. 为孩子辩护：即使孩子的行为受到外界的质疑或批评，祖辈也总是站在孩子这边，为他们辩护，而不是教育孩子如何面对批评和改进。

育儿进阶

溺爱对孩子的危害不容小觑。首先，溺爱让孩子变得自私自利。在溺爱的环境中长大的孩子往往习惯了以自我为中心，总觉得"我最大，世界都得围着我转"。他们不懂得分享，不尊重别人，和小朋友一起玩时总爱抢东西、闹别扭。

其次，被溺爱的孩子总觉得"犯错没关系，反正有人帮我

解决"。

再次,被溺爱的孩子在家里是小霸王,到了外面也不懂得尊重别人、遵守规则。他们可能会打人、骂人,或者乱拿别人的东西。

此外,溺爱会让孩子变得脆弱。在溺爱的环境中,孩子习惯了被呵护和照顾,一旦遇到困难和挫折,就容易产生挫败感和无助感,缺乏面对困难的勇气和决心。

最后,溺爱还可能影响孩子的心理健康。过度的关注和赞美让孩子形成过高的自我期望,一旦现实与期望产生差距,孩子就容易产生焦虑、抑郁等心理问题。

因此,溺爱并非真正的爱,而是一种对孩子成长有害的关爱方式。

苗长志和倪全珍只有苗苗这一个孙女,因此把她当眼珠子一样疼爱,含在嘴里怕化了,捧在手里怕摔了。

他们总是尽力满足苗苗的每一个愿望,苗苗想要的玩具、零食,甚至是一些无理的要求,他们从不拒绝,因为他们不想让苗苗失望。

一次,他们带苗苗去朋友家里玩。大人聊天儿时,苗苗和主人家的孩子在客厅里玩,客厅的角落摆放着一个精致的音乐盒,是主人家的孩子最宝贵的玩具。苗苗一看到就喜欢上了,她走过去想要玩,但音乐盒已经被那个孩子先一步拿到了。苗苗坚持要玩,两个孩子争执起来，音乐盒在争抢中摔落在地，发出了清脆的碎裂声。苗苗非常生气，推了对方一下，导致对方摔倒，哭了起来，苗苗见状也哭了起来。两边大人都过来哄，但越哄孩子们哭得越厉害。场面一度非常尴尬，这场聚会不欢而散。

另一次，苗苗在家里玩耍时不小心打碎了妈妈最珍爱的花瓶。妈妈回家后，看到碎片散落一地，非常生气，责问是谁干的。苗苗害怕受到责备，没有承认。这时，苗长志站出来，说是自己在搬东西时不小心碰到了花瓶。妈妈虽然生气，但看是爷爷不小心弄坏的，也就没有再追究。

渐渐地，苗苗很难和其他孩子玩到一起，她经常因为玩游戏与其他孩子发生冲突，其他孩子渐渐地疏远了她。苗苗又因为没人愿意跟自己玩而发脾气，自此陷入恶性循环。

● 育儿指南

在教育孩子的过程中，祖辈要找到关爱与溺爱之间的微妙平衡。

隔代教育

而把握爱的尺度就像在烹饪菜肴,既要有足够的火候让食物熟透,又不能过头以至于烧焦。我们可以从日常小事做起,以合理的爱与纪律来引导他们。

首先,不能无原则地纵容孩子,更不应给予他们过多的特殊待遇。在家里,每个成员都应遵守相同的规则,无论是看电视的时间,还是餐桌上的礼仪,都应一视同仁。这样孩子才能学会尊重他人,理解平等的重要性。

当孩子犯错时,祖辈不应一味袒护,而是要用合适的方式指出错误,让孩子明白,犯错并不可怕,重要的是勇于承认错误并改正。比如,当孩子不小心打翻牛奶时,应鼓励他们自己动手清理,这不仅能培养他们的责任感,更能让他们学会承担后果。

同时,不能无条件地原谅孩子的所有行为。有时候要让孩子承担后果,让他们更加珍惜物品。比如,心爱的玩具丢失了,可以引导孩子自己想办法找回或接受事实,而不是立刻给孩子买一个新的。

第二章 隔代教育，别坑娃

面对孩子的不合理要求，我们要学会说"不"。这并不意味着拒绝孩子的所有需求，而是帮助他们区分"可以"与"不可以"。让他们明白，生活中有些规则需要遵守，有些界限需要尊重。通过这样的引导，孩子们将学会自我约束，成长为更加独立和自律的人。

育儿总结

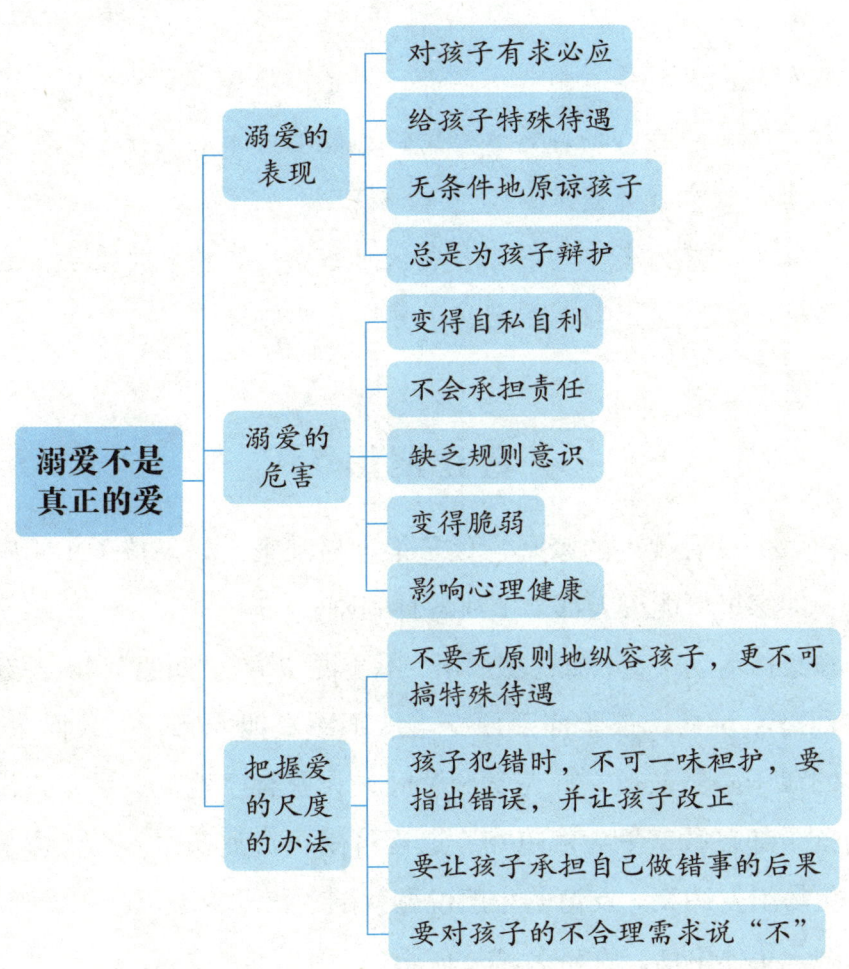

孩子不能不遵守规矩和礼仪

规矩和礼仪是一个人的修养，一个懂规矩、有礼貌的孩子不仅能够赢得他人的尊重和喜爱，还能更好地融入社会，更容易和他人建立社交关系。

因此，学习基本的规矩和礼仪对孩子的成长至关重要，这些规矩虽然简单，却能帮助孩子养成良好的习惯。

▶ 育儿聚焦 ◀

在一个没有规矩的家庭，孩子很容易乱来，如果孩子想干吗就干吗，那家里可能天天都要上演各种闹剧。

在集体活动中，不懂礼貌用语，不会说"请""谢谢""对不起"，伙伴们分享玩具，孩子伸手便夺，从不顾及他人感受，久而久之，这样的孩子必然被孤立。在学校课间，大家有序地交流玩耍，没规矩的孩子却在教室里大声喧哗、追逐打闹、扰乱秩序，不仅影响他人，更易引发冲突。友谊的小船说翻就翻，孩子内心也会越发孤独，难以融入集体生活，性格会越发孤僻。

课堂上，没有遵守纪律的意识，肆意讲话、开小差，注意力无法集中，知识如过眼云烟，难以吸收掌握。做作业时，不按要求、字迹潦草、拖拉磨蹭，学习习惯糟糕透顶，成绩下滑是必然的。长此以往，孩子对学习的热情被磨灭，学业之路荆棘丛生。

步入社会后，不懂规矩礼仪的"后遗症"越发严重。在餐厅用餐，大声叫嚷、乱敲餐具，尽显教养缺失；乘坐公共交通，推搡插队、抢占座位，遭人诟病，给他人添堵的同时，也毁坏了自身形象。

常言道，无规矩不成方圆，孩子若是在一个没有规矩的环境中成长，就如同在无序的丛林中乱闯，容易迷失方向。因此，祖辈应该从小培养孩子的规矩意识，让他们学会尊重他人，遵守社会规则。

育儿进阶

懂规矩的孩子就像花园里开得灿烂的花，人人都爱。假如一个孩子在学校里见到老师主动问好，和同学分享玩具，大家是不是都特别喜欢和他玩？这样的孩子朋友多，走到哪儿都受欢迎。进入社会后,他们也能很快和大家打成一片。

规矩和礼仪能够帮孩子养成好习惯。比如吃饭时不吵闹、不挑食,每次都能吃得干干净净,这样孩子不仅身体棒,还显得特别有教养。以后不管是在工作中还是生活中,都能给人留下好印象。

规矩和礼仪还让孩子懂得什么时候该说话,什么时候该保持安静。就像在课堂上,懂规矩的孩子会专心听讲,不插嘴,这样学习更有效率。遇到不开心的事情,他们也能学会控制自己,不乱发脾气,用更成熟的方式解决问题。

长远来看,规矩和礼仪对孩子的好处不止一点点。一个从小就懂规矩、有礼貌的孩子,更可能成为一个尊重他人、有责任心的人。这样的孩子走到哪里都能闪闪发光,成为大家心中的小明星。

 **故事时间**

4岁的贺文活泼好动,但他的父母忙于工作,对他疏于管教,导致他养成了不少坏习惯,比如不按时睡觉,吃饭时挑食,喜欢在公共场合大声喧哗。这些行为不仅让家人感到头疼,也让贺文在幼儿园里不太受欢迎。

后来,贺文父母的工作发生了调动,只得将爷爷贺健民从乡下接过来照顾孙子。贺健民看到孙子这些略显粗鲁的行为,决定亲自上阵,给贺文上一堂生动的"规矩与礼仪"课。

第二章　隔代教育，别坑娃

傍晚，全家人围坐在一起吃晚饭，贺健民特意准备了几道贺文最爱吃的菜。当贺文拿起筷子，准备先夹那块最大的红烧肉时，爷爷轻轻地拍了拍他的手，微笑着说："孩子，记得要等长辈先动筷。"贺文愣了一下，随即不好意思地放下了筷子。

饭后，贺健民把贺文叫到身边，耐心地教他："尊重长辈是很重要的规矩，有些规矩你必须得学会。"

在爷爷的教导下，贺文学了规矩礼仪，比如主动跟邻居和学校的老师问好，用餐时也不再挑食，学会了等全家人都坐下后一起吃饭。

有一次，家里来了几位亲戚，贺文的表现让大家都刮目相看。他不仅主动上前迎接，礼貌地打招呼，还细心地为每位客人倒茶递水。当亲戚们离开时，贺文还依依不舍地送到门口，礼貌地道别。客人们都夸奖贺文是个懂事、有礼貌的好孩子，这让贺文的父母备感欣慰。

隔代教育

● 育儿指南

教孩子守规矩和懂礼貌，要从日常小事慢慢教，还得用足够的耐心和聪明的办法。

大人们得做好孩子的榜样。孩子就像一块空白的画布，他们的行为和习惯往往是从大人那里学来的。所以祖辈自己说话要文明，过马路要遵守交通规则，买东西要排队，这样孩子自然也会学着做。

要跟孩子明确哪些事可以做，哪些事不能做。这些规矩得简单明了，让孩子一听就懂。比如，吃饭得等大家到齐了再开动，看电视一天只能看一小时。

当孩子做得好时，别忘了及时给予肯定和鼓励。比如，主动帮爷爷奶奶拿东西，或者在公园里和小朋友一起玩得很融洽，这时候就得夸夸他，让他知道守规矩和懂礼貌是会得到表扬的。

同时也得让孩子明白为什么要守规矩和懂礼貌。光告诉孩子"不可以"是不够的，还得让他知道背后的原因。比如，在图书馆里要保持安静，是因为大家都在专心地看书，如果大声喧哗会影响别人。

如果孩子违反了规矩，得让他承担相应的后果。比如，玩具不收好，第二天就不能玩玩具了。这样孩子就会明白自己的行为会带来什么影响，从而学会对自己的行为负责。

最后，教孩子规矩得有耐心，而且全家的认知得一致。不能一会儿说可以，一会儿又说不行，那样孩子会乱的。慢慢教，坚持下去，孩子才能更好地学会守规矩和懂礼貌。

育儿总结

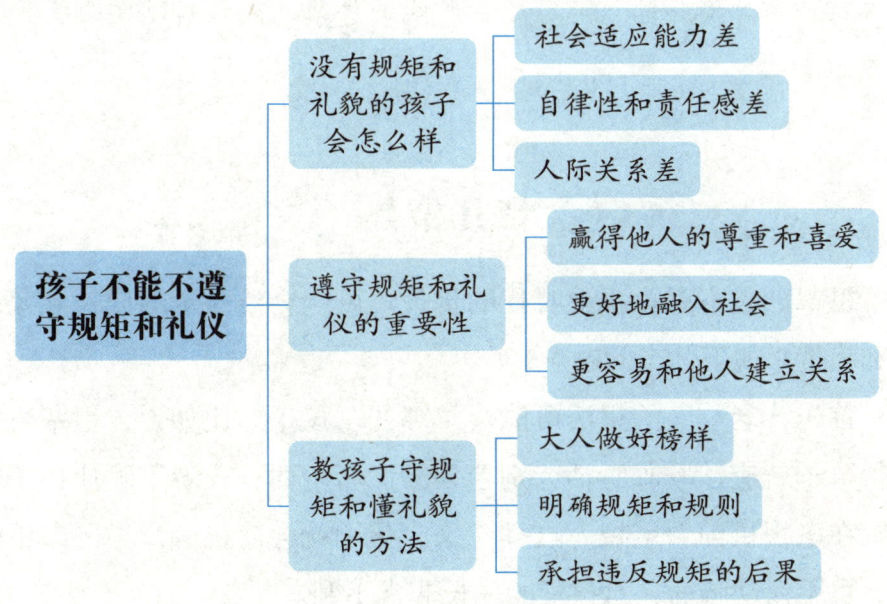

祖辈也要跟上潮流，别做老古董

在现代社会，教育孩子的理念和方法日新月异，假如祖辈故步自封，只会逐渐脱离现代生活的节奏，无法有效参与家庭和孩子的教育。祖辈面临着一个新的挑战：如何在保持传统智慧的同时，掌握新技能，跟上时代的步伐，成为新时代的智慧祖辈。

▶ 育儿聚焦 ◀

祖辈如果不愿意跟上时代的步伐，可能会给孩子的成长和家庭的和睦带来如下几个问题。

首先，老一套的想法可能会"绑住"孩子。比如说，祖辈可能觉得孩子就应该乖乖听话，别老去尝试新东西，或者干脆让孩子整天窝在电视机前看电视。这样一来，孩子就会变得懒洋洋的，不爱动，也不爱动脑筋，对孩子的成长非常不利。

再说说老方法的问题，它可能已经"过期"了。现代社会变化快，创新能力对孩子以后的发展特别重要。祖辈要是总用老一套的教育方式，比如只让孩子死记硬背，不鼓励他们去探索、去发现，孩子

第二章 隔代教育，别坑娃

以后遇到新问题就会害怕，不知道该怎么办。就像学骑自行车，如果一直不让孩子尝试，那么他长大了可能还是不会骑。

祖辈要是不了解现在的信息世界，还可能影响孩子看待和处理信息的正确性。现在网上信息很多，孩子得学会怎么挑好的、有用的信息看。但祖辈如果不懂这些，长期禁止孩子接触网络，就容易导致孩子在网上看到什么都信，更糟糕的是，如果孩子接触到一些不良内容，比如暴力或者仇恨言论，可能会对他的价值观和心理健康产生负面影响。

 育儿进阶

当有一天，孩子兴奋地拿着新买的智能手表跑到祖辈面前，说："爷爷（奶奶），您看这个，它可以帮我记录运动步数，

隔代教育

还能提醒我喝水呢！"如果祖辈能够笑着说："哇，这么神奇呀！快教教我怎么用，我也想试试。"这样的互动是不是会让祖孙俩都很高兴？

所以，当祖辈也能跟上时代的步伐，就能更好地和孩子交流。知道孩子说的流行话、喜欢的网络梗，还有最新的科技小玩意儿，这样一来，祖孙之间就有了更多的共同话题，感情也就更加深厚了。孩子会觉得，爷爷（奶奶）真是太懂我了！

祖辈能跟上时代，意味着他们能学会更新潮、更科学的育儿方法，不仅能帮年轻爸妈解决育儿上的小困扰，还能给出不少实用的点子，保证孩子健康成长。

这样一来，祖辈和年轻爸妈的想法一致，带娃上也少了很多分歧。而且祖辈学点儿新东西，一家人一起陪孩子读书、玩游戏，家里气氛就更好了，孩子也会觉得更幸福。

此外，当祖辈有了现代育儿观念，就会搭配出更具有营养的餐食，让孩子吃得健康；也能了解运动的重要性，鼓励孩子多出去运动，让孩子的身体越来越棒。

故事时间

宁平年事已高，完全弄不明白层出不穷的科技产品。

一天，他的孙子宁硕拿着平板电脑跑到他的身边说："爷爷，您看，这是我刚刚用绘画软件画的画儿，是不是比用手画得更方便、更漂亮？"

第二章 隔代教育，别坑娃

宁平戴上老花镜，仔细端详着屏幕上的画作，虽然觉得确实画得不错，但心里还是有些不以为然。他微笑着对宁硕说："嗯，画得真好，不过爷爷还是喜欢传统的画笔和颜料。"

宁硕嘟起嘴巴，辩解说："但是用这款绘画软件，不仅速度快，还能随时修改和保存，多方便哪！而且颜色选择也更多样化呢。"

说着，宁硕的手指在平板上灵活地滑动，很快就画出了一幅色彩斑斓的风景画。他得意地展示给爷爷看，屏幕上的画面生动而细腻，连远处的山峦和近处的花朵都栩栩如生。

宁平看着孙子的作品，心里不禁有些动容。虽然他一直偏爱传统的绘画方式，但科技确实为绘画艺术带来了新的可能性和便利。他微笑着对宁硕说："你画得真好，爷爷真是小看电子产品了。"

于是祖孙俩开始用平板电脑研究画画儿。后来，宁平不仅学会了用绘画软件创作，为了能与宁硕有更多的共同话题，他还尝试了其他科技产品，家人常常会在晚上吃过晚饭后看到祖孙两个霸占客厅一角，一个拿着平板电脑，另一个捧着智能手机，时而低头专注操作，时而相视一笑，时而热烈地讨论。

隔代教育

● 育儿指南

俗话说"活到老，学到老"，祖辈若想更好地育儿，必须保持一颗年轻的心。

祖辈可以订阅育儿杂志或关注专业育儿媒体资源，这些资源会定期分享最新的育儿理念和方法以及实用的育儿建议，方便祖辈了解孩子在不同年龄段对玩具的不同需求，祖辈可以据此为孙辈挑选更合适的玩具，促进他们的智力发展。

在日常生活中，祖辈应积极参与孩子的活动，保持对新事物的好奇心。当孩子对科学实验感兴趣时，祖辈可以陪他们一起查找资料，准备材料，动手做实验，共同探索的过程能增进祖孙间的感情。

此外，祖辈可以积极参加社区的亲子活动，如亲子运动会、手工制作班等。这些活动不仅能让祖辈与其他家长交流育儿经验，还

第二章 隔代教育，别坑娃

能拓宽自己的社交圈子，结识更多志同道合的朋友。在轻松愉快的氛围中，祖辈的心态也会变得更加年轻。

在科技辅助育儿方面，祖辈不妨尝试合理使用智能设备。利用平板电脑为孩子播放教育动画片，或者下载一些益智游戏，与孩子一起学习和娱乐。同时，祖辈还可以利用互联网，查找适合孩子的科学实验视频、绘本故事等，与孩子一起享受阅读的乐趣。在陪伴孩子观看视频或阅读故事时，祖辈还可以引导孩子思考，培养他们的想象力和创造力。

育儿总结

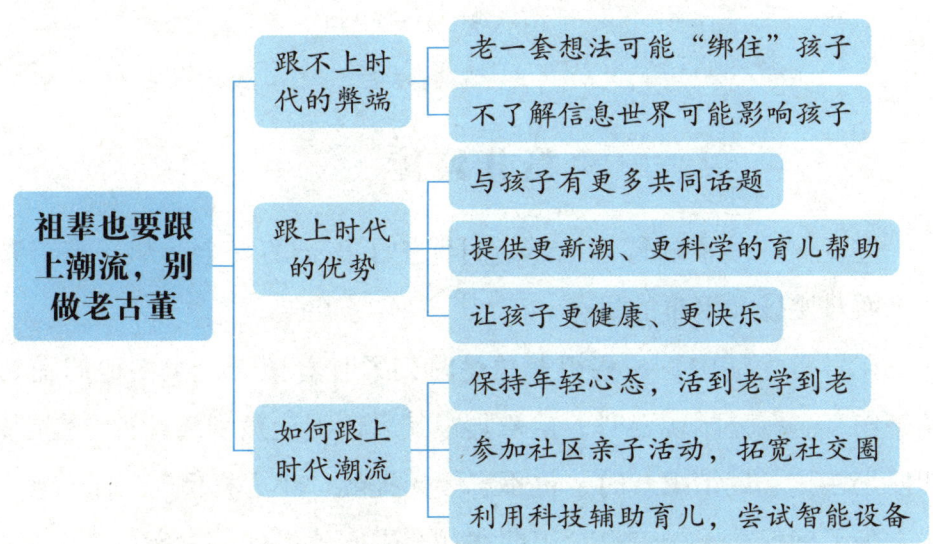

别让自己成为孩子的避风港

在孩子成长的过程中，爷爷奶奶、姥姥姥爷的角色非常重要。但是祖辈也要明白，对孩子保护得太过分并不是真正对他好。要想让孩子真正健康地成长，应该让他学会自己去应对困难、解决问题，而不是一直依赖大人。

▶ 育儿聚焦 ◀

过度保护孩子的行为虽然暂时保护了孩子的安全，却让孩子失去了面对挑战和困难的机会。

在日常生活中，一些祖辈总是时刻紧盯着孩子，生怕他们受到丝毫伤害。在公园玩耍时，祖辈紧跟其后，不让孩子离开视线范围，即便是在孩子尽情嬉戏时，也不忘频繁提醒"小心摔倒""别乱跑"。

为了确保孩子的安全，祖辈往往会限制他们的探索欲望。例如，不让孩子亲近泥土，生怕弄脏衣物或接触到细菌；即便是安全的攀爬架，也会因担心孩子跌落而制止孩子攀爬。

对孩子的社交圈，祖辈的过度干预同样显著。选择朋友时，祖辈根据自己的喜好来决定孩子应该与谁为伴；当孩子之间发生争执时，祖辈又会介入，替孩子解决纷争。

第二章 隔代教育，别坑娃

此外，祖辈还倾向于为孩子规避任何可能的失败。在玩游戏时，祖辈总是暗中相助，确保孩子赢得比赛，以免孩子承受失败的苦涩。

即便孩子已经具备完成某些任务的能力，祖辈仍会因担心孩子做不好或速度太慢而拒绝让他们独立完成，比如做作业或做家务。

更有甚者，祖辈还会过分强调安全问题，阻止孩子参与任何带有风险的活动，即便是那些适度的、有益的成长挑战，如学习骑自行车或游泳也被视为不可碰触的雷区。

育儿进阶

如果祖辈把孩子保护得太好，会带来很大的负面效果。

首先，过度保护会让孩子变得胆小、依赖性强。他们习惯了被大人安排好一切，遇到事情就想着找爸爸妈妈或爷爷奶奶帮忙。

隔代教育

其次,过度保护还可能影响孩子的社交能力。孩子需要和朋友一起玩耍、学习,才能学会如何与人相处。如果祖辈总是担心孩子受欺负或受伤,限制他们的社交活动,孩子就可能错过这些宝贵的学习机会,变得孤僻、不合群。将来和朋友产生了矛盾,他们也不会解决。

再次,过度保护还会让孩子变得不自信。他们总是听到"这个不行""那个太危险",慢慢地就会开始怀疑自己,不敢尝试新事物,生怕失败或者遇到挑战。

此外,被过度保护的孩子可能缺乏适应能力。因为他们很少有机会面对生活中的小挫折,一旦遇到真正的困难,他们可能会感到无助和不知所措。

最后,过度保护还可能让孩子的好奇心和探索欲变得越来越弱。孩子天生爱探索,爱尝试新东西,但如果总被大人拦着,他们可能就慢慢失去了对世界的好奇,变得不想再去探索了。

 **故事时间**

严宇是在单亲家庭长大的孩子,他的妈妈是个非常优秀的职业女性,工作繁忙,因此他的生活基本上由姥姥照顾。

姥姥心疼严宇,对他的保护可以说是无微不至。每天放学,姥姥都会准时出现在校门口,接过严宇的书包,怕沉重的书包会压弯严宇的背。

第二章 隔代教育，别坑娃

严宇想和同学们一起去公园踢球，姥姥担心他摔倒受伤，便以"外面不安全"为由，让他留在家里看电视或做作业。

有一次，学校组织户外探险活动，需要孩子们自己搭帐篷、生火做饭。严宇兴奋地报了名，但姥姥却极力反对，她认为这样的活动太危险，坚决不让严宇参加。严宇心里很难过，他跟姥姥说："你天天关着我，我都没有朋友了！"

严宇为此赌气不吃饭，妈妈下班回来后，发现家里气氛不对，坐下来和严宇以及姥姥进行了一次深入的谈话。她理解姥姥的担忧，但也告诉姥姥，严宇需要有机会去探索，去面对挑战，这样才能成长为一个坚强的人。姥姥听了之后，虽然心里还是有些担忧，但最终同意给严宇一些自由。

又一个周末，严宇和同学去公园踢球，这次姥姥没有阻止他，只是站在场边紧张地看着。严宇在球场上奔跑，摔倒了几次，但他每次都自己站起来，继续比赛。姥姥看到严宇的笑容，心里的担忧慢慢变成了骄傲。

隔代教育

● 育儿指南

我们都希望孩子在挑战面前勇敢面对，而不是寻求家长的庇护，那么怎样才能避免让祖辈成为孩子的避风港呢？

要让孩子变得独立和抗压，得先从观念上入手，让孩子知道挑战是成长的好朋友。就像学骑车会摔跤，但每次摔倒都是学骑车向前迈进的一小步。可以给孩子讲讲那些大人物的故事，比如爱迪生发明电灯前失败了多少次，但他没放弃，最后成功了。

当孩子遇到难题时，别急着帮他解决，而是问："你觉得这个难题怎么解决呢？"让孩子自己动脑筋，哪怕答案不对，这个思考的过程也很重要。

还得教孩子怎么把大问题变小。比如整理房间这个任务太笼统，就分解成整理玩具、整理书、整理衣服这三个小任务，孩子就不会觉得太难了。

再给孩子多几种解决问题的办法。比如搭积木时搭不上去，就试试换个角度或者换个方法。

还可以跟孩子一起定个小目标，比如"这个月咱们要一起读完一本厚厚的书"。每天抽时间共读，教孩子规划时间，面对困难不放弃。完成后，孩子将获得成就感，学会时间管理和情绪调控。

育儿总结

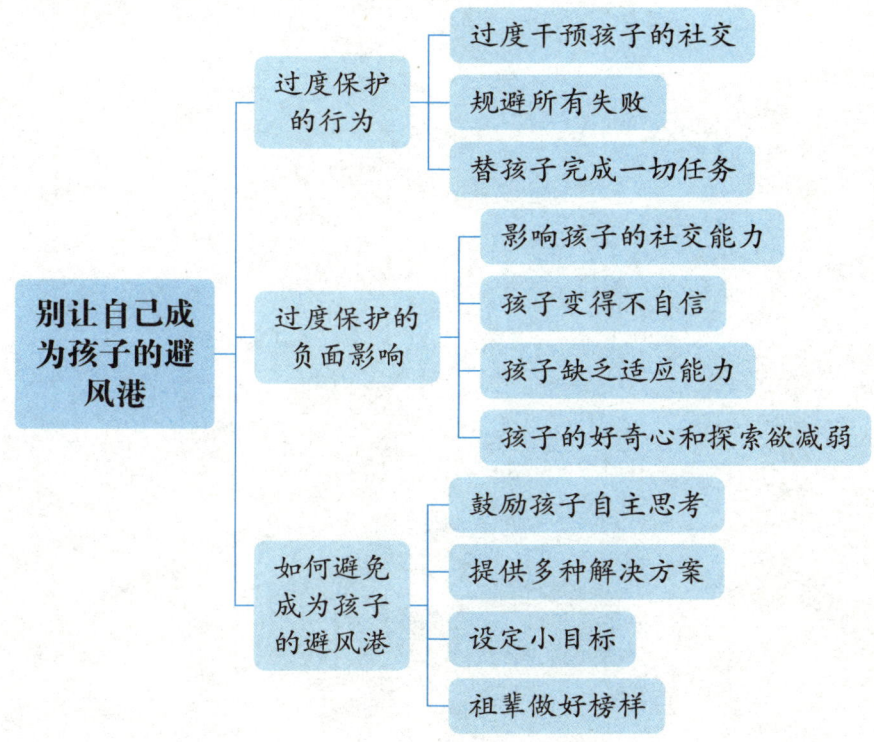

第三章

和爸妈一起做育儿"铁三角"

在育儿旅程中,祖辈应与父母携手形成"铁三角",共同护航孩子的成长。父母作为主要教育者,其决策应得到尊重和支持,祖辈应适时退出,确保孩子明白父母是家庭权威。祖辈应避免在孩子面前批评父母,以免削弱父母的威信,应积极支持父母的教育方针。祖辈与父母的合作如同超能战队,各自发挥优势,为孩子创造充满爱的成长环境,帮助他们健康成长,迎接未来挑战。

爸妈的意见听听也无妨

在育儿的过程中，祖辈和孩子父母的意见有时会有所不同。有些祖辈觉得自己走过的桥比年轻父母走过的路还多，年轻父母是新手，缺乏实际经验。因此，祖辈往往会忽视年轻父母的意见，认为自己的做法更加可靠，然而这种态度可能会带来一系列问题。

> **育儿聚焦**

年轻父母本就对育儿焦虑不安，如果自己的意见总被忽视，他们可能会感到沮丧和无助，甚至对育儿失去信心。这种情绪的累积，会对家庭和谐产生威胁。

祖辈和孩子爸妈的想法不一致很正常，就像玩游戏时队友间很容易发生小争执一样。例如，爸妈觉得是时候让孩子去睡觉了，而祖辈却觉得孩子还可以再玩一会儿。孩子被夹在中间，左右为难，不知道该听从谁的指示，家里的气氛也因此变得紧张。

家庭规矩的不确定也会让孩子感到无所适从，不知道哪个才是正确的行为准则。这种不确定性对孩子的成长无疑是一个巨大的挑战。

第三章　和爸妈一起做育儿"铁三角"

如果家庭成员之间不能在育儿问题上达成一致，孩子可能会利用这种分歧来逃避责任或获得额外的特权。例如，孩子可能会对祖辈说"妈妈让我这么做"，对父母说"爷爷奶奶让我那么做"，从而在家庭成员之间制造矛盾。这种局面不仅不利于孩子的成长，还会让家庭成员之间的关系更加疏远。

此外，当祖辈与年轻父母的意见不同时，家里做决定就会变得特别慢，每次都要商量来商量去，这样不仅浪费时间，还可能耽误教育孩子的好时机。

育儿进阶

当祖辈尊重年轻父母的意见，与他们共同育儿时，不仅能增强家庭的凝聚力，还能为孩子的健康成长创造更好的环境。

隔代教育

首先,当家庭成员都尊重彼此的意见时,家里的气氛会变得更加融洽。大家不再争吵,这样的环境让孩子感到安心,更愿意跟家长交流和学习。

其次,当年轻父母的意见被尊重时,他们的育儿热情会更高,会觉得自己是孩子成长过程中的重要角色,这会激励他们更积极地参与育儿,给孩子更多的爱和关注。

再次,共同育儿还能让孩子学会尊重和倾听。他们看到家里的大人都能平和地讨论问题,也会学着用同样的方式处理自己的小矛盾,这对他们的社交能力是个很好的锻炼。

此外,共同育儿能减少育儿压力。爸爸妈妈和祖辈可以分担育儿任务,这样大家都不会太累。比如,祖辈可以在爸爸妈妈忙的时候帮忙照看孩子,而爸爸妈妈则可以在有空的时候带孩子出去玩。这样,每个人都能发挥自己的长处,共同为孩子的成长出力。

最后,共同育儿能让孩子感受到家庭的支持和爱。他们知道无论遇到什么困难,家里人都会在一起共同面对,这种安全感对孩子的心理健康非常重要。

 **故事时间**

龚小秋和涂星宇夫妻俩生了涂洋后,由涂洋的爷爷奶奶过来带娃,一家人分工非常合理,夫妻两个也渐渐把孩子的教育交给了父母。

最近,龚小秋发现涂洋对她和涂星宇有些阳奉阴违,总是表面

第三章 和爸妈一起做育儿"铁三角"

上答应得很好,但实际上却我行我素。有时候她加班到家已经很晚了,涂洋还在看电视,她多次催促去睡觉,涂洋却说:"爷爷让我看的。"她生气地把电视关了,涂洋便去跟爷爷告状。

此外,涂洋总是吃零食,导致正餐吃得少。有一次吃饭,龚小秋给他夹了些蔬菜,涂洋闹脾气不吃,必须全部挑出去才肯动筷子。龚小秋命令他不许挑食,要全部吃掉,涂洋眼泪汪汪地向奶奶求助,奶奶把蔬菜夹过去吃了,说:"孩子不喜欢吃就不要强迫他吃。"

这种情况发生得越来越频繁,一天,龚小秋终于忍无可忍,和涂星宇一起,与爷爷奶奶开了个家庭会议。经过一番深入的讨论,四位大人最终达成一个共识:为了涂洋的健康成长,必须共同制订一套明确的教育规则,并且所有人都要遵守,包括爷爷奶奶。

经过这次深入的交流,爷爷奶奶也意识到自己的问题,决定改变态度,尊重年轻父母的意见。从那以后,涂洋的生活逐渐有了改

隔代教育

善。他按时睡觉，饮食更加健康。家庭成员之间的关系变得更加和谐，涂洋在这样的环境中茁壮成长，性格也变得更加阳光和开朗。

● 育儿指南

想养育出一个优秀的孩子，需要每个家庭成员的共同努力和配合，而相互配合的前提是要保持沟通。祖辈该如何与年轻父母沟通呢？不妨尝试一下这些沟通技巧。

首先，要听对方说完他们的想法，别急着插话和反驳，即使不同意对方的观点，也要保持理性，少说"你这样不对"。年轻父母感受到被尊重和理解，双方的沟通基础才会稳固。

其次，在讨论育儿时，试着寻找大家都认同的点，比如，大家都希望孩子健康快乐，有了这个共同的目标，沟通就会顺畅了。同时，在表达看法时，多用"我觉得"开头，少用"你总是"，这样听起来更温和，而且可以减少对立情绪，让对方更愿意听你说话。

最后，祖辈和年轻父母都要保持开放的心态，愿意学习和改变。祖辈可以学学年轻父母的新方法，年轻父母也可以听听祖辈的经验。当意见不合时，别互相指责，而是就事论事，不可攻击对方。如果问题没有完美的答案，那就找个折中的办法，这样家庭气氛才能更和谐。

总之，祖辈和年轻父母之间的沟通需要耐心、理解和尊重。只要双方都愿意付出努力，就一定能找到最合适的育儿之道。

育儿总结

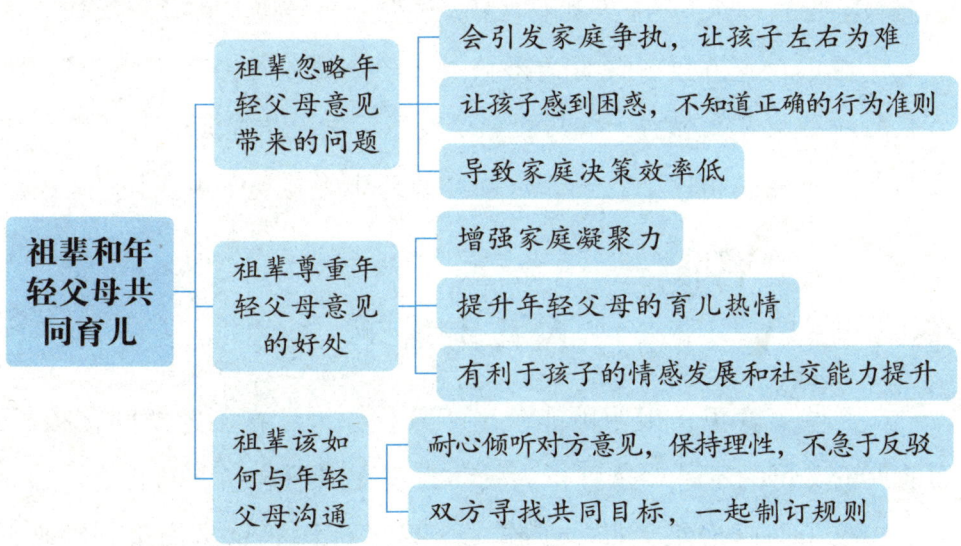

在孩子面前说爸妈的坏话，万万不行

在孩子成长的过程中，家庭氛围对孩子的影响深远而持久，作为家里的一员，每个人都承担着塑造孩子性格和价值观的责任。

在一个家庭里，父母的形象对孩子来说就像一座山，是他们心中的依靠和榜样。如果祖辈在孩子面前老是说父母的不是，那就好比是在山脚下挖土，时间一长，山可能就不稳了。

▶ 育儿聚焦 ◀

在一些家庭里，祖辈可能会出于某种原因，在不经意间在孩子面前议论父母的不是，这种行为具体表现在以下这些方面。

在孩子面前抱怨父母的工作，念叨："你妈妈总是加班到很晚，家里的事都不管。"或者"你爸爸周末还要工作，都不陪我们。"

当着孩子的面批评年轻父母："你爸妈对你太严格了，小孩子嘛，不用那么紧张学习，该会的时候自然就会了。"

有些祖辈可能会对孩子的父母在经济上的决策表示不满，比如购买物品或投资，祖辈可能会说："他们又买了些没用的东西，浪费钱。"

第三章 和爸妈一起做育儿"铁三角"

有时候，祖辈会指责年轻父母的生活习惯，对孩子说："你妈妈总是睡懒觉，家里的事都耽误了。""你爸爸晚上不睡，早上不起，生活习惯真不好。"

还有的时候，祖辈可能会用其他家庭成员对比孩子的父母，今天说"你叔叔阿姨就比你爸妈做得好"，明天又说"还是你姑姑最疼我，你爸爸就不怎么心疼我"。

还有的祖辈在孩子面前表达不满，比如"你妈妈总是忙，连个电话都不打"或者"你爸爸上次回来，连礼物都没带，我简直是养了一个白眼狼"。

育儿进阶

祖辈在孩子面前议论他们的父母，说他们父母的不是，就像在平静的湖面投下一块石头，涟漪会一圈圈扩散开来，影响整个家庭的氛围和孩子的成长。

首先，这样做会让孩子对爸妈产生怀疑。孩子心里会想：

隔代教育

"如果爷爷奶奶这么说爸爸妈妈,那他们是不是真的不好?"随着疑问不断积累,慢慢地,孩子对父母的爱和信任就会产生动摇。

其次,孩子会不自觉地模仿祖辈的行为,对父母表现出不尊重。祖辈若经常在孩子面前说父母的不是,孩子则会认为这是可以接受的行为,然后也开始对父母不敬,这对孩子的教育和成长都是不利的。

再次,这种行为会让孩子感到困惑和压力。孩子天生就渴望家庭和睦,而祖辈和父母之间不和会让孩子感到焦虑,不知道该怎么办,这会对他们的心理健康发展构成威胁。

最后,孩子可能会学会抱怨和负面思维。如果家里总是充斥着对父母的抱怨,孩子很容易受到这种消极情绪的影响,这有碍于他们将来面对挑战和困难时的心态。

家庭应该是一个温暖的港湾,如果祖辈总是说父母的坏话,家里的气氛就会变得紧张和不愉快,这对孩子的成长是有害的。

 **故事时间**

10岁的卜睿从学校放学回家,刚踏进家门,就听见客厅里传来爷爷和邻居张大爷的聊天声。他换鞋时,听到爷爷又在挑剔卜睿父母的种种不是。

爷爷说:"我那儿子儿媳呀,整天就知道忙工作,家里的事情

第三章 和爸妈一起做育儿"铁三角"

都顾不上。你看我这把老骨头,还得帮他们干家务,真是累人哪!"张大爷在一旁附和着,不时发出几声叹息。

卜睿听了,心里像打翻了五味瓶,很不是滋味。爷爷已经不止一次这样抱怨了,每次听到这些话,卜睿都感到迷茫和难过,他不明白为什么爷爷总在别人面前说爸爸妈妈的坏话。

那天晚上,卜睿没有像往常一样和爷爷分享学校的趣事,而是默默地回到自己的房间。他拿出作业本,却怎么也集中不了精神。他的心里充满了疑问:爸爸妈妈真的像爷爷说的那样不关心家庭吗?他们真的只在乎工作吗?

晚饭时,卜睿的妈妈注意到了他的沉默,便关心地问:"卜睿,你怎么了?今天学校发生了什么事吗?"卜睿犹豫了一下,然后把听到爷爷抱怨的事情告诉了妈妈。

妈妈听了之后,眼里闪过一丝忧虑,但她很快就平静下来,温柔地对卜睿说:"爸爸妈妈确实很忙,而爷爷年纪大了,要帮我们做很多事,难免会累,有抱怨是正常的,但你要相信,我们都在用自

075

隔代教育

己的方式爱你。"

在妈妈的开导下,卜睿才慢慢解开了心结。

● 育儿指南

祖辈要维护好孩子父母的形象,教育孩子尊重父母,建立一个正面的家庭氛围,具体可以从以下的一些日常小事做起。

首先,祖辈可以在孩子面前多说父母的好话。当孩子妈妈晚归时,祖辈可以告诉孩子:"妈妈真的很辛苦,她为了家庭一直在努力工作。"当爸爸因工作不能陪他们出游时,可以跟孩子说:"爸爸虽然工作繁忙,但总是牵挂着你,时常询问你的学习情况,真是个负责任的好爸爸。"这样的正面反馈能让孩子深刻体会到父母的爱与奉献。

其次,祖辈应展现出对孩子父母的尊重。面对孩子父母设立的家庭规则,祖辈不仅要带头遵守,还应向孩子解释:"这是爸爸妈妈为了我们的幸福而制订的规则,我们每个人都应该遵守。"这样的行为示范能让孩子学会尊重父母。

第三章 和爸妈一起做育儿"铁三角"

再次，祖辈可以与孩子分享孩子父母的成长历程，讲述孩子父母儿时的趣事，或是他们如何战胜困难、取得成就的故事，这样可以加深孩子对父母的了解。

最后，祖辈应适当表达对孩子父母的感激之情。比如，家中有新物品添置时，祖辈可以告诉孩子："这些都是爸爸妈妈为了让我们生活得更舒适而准备的。"这种感恩的心态能让孩子学会珍惜与尊重父母。

育儿总结

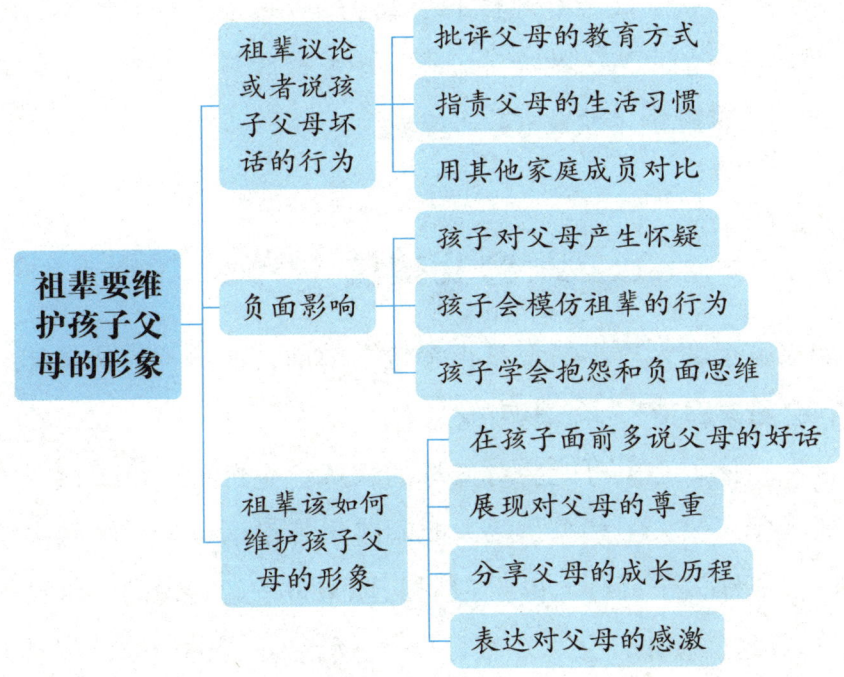

这种情况祖辈得靠边站，让爸妈来

家庭是孩子的第一个课堂，而孩子的父母则是这个课堂的主讲人。在孩子成长的过程中，总有那么一些时候，得孩子的父母站出来拿主意、做决定。在一些关键时刻，祖辈要往后退一步，让孩子的父母来主导。

▶ 育儿聚焦 ◀

如果家里的大事小情都是祖辈抢在前面，而孩子的父母却站在一旁，会对家庭带来什么影响呢？

首先，孩子心里可能会对父母的权威产生怀疑。每次孩子要做决定或者犯了错，祖辈总是第一时间跳出来说话，替孩子做决定或者解围，那样孩子就会觉得："哎呀，原来爸爸妈妈说的话也没那么重要嘛。"这样一来，父母在教育孩子、管教孩子的时候就容易失去权威，效果就会大打折扣。孩子以后遇到涉及原则性的问题，会立刻搬出祖辈来当"挡箭牌"，让父母的教育越来越困难。

其次，很容易产生家庭矛盾。祖辈和孩子父母本来就因为育儿观念不同，不时会有分歧。如果祖辈事事插手，尤其是干预一些父母该做的事情，不顾及父母的感受，那么矛盾就容易升级。一边是疼爱孩子的祖辈，一边是想要好好教育孩子的父母，两边都觉得自己有理，就这样僵持不下，会导致一些不必要的争吵。

如果祖辈能退一步，在一些关键的事情上让父母来拿主意，大家划分出清晰的界限，减少不必要的干涉，就能心平气和地商量，找到更好的解决办法。

 **育儿进阶**

祖辈应该在哪些时候让孩子的父母来主导孩子的教育呢？

首先，当涉及孩子的纪律问题时，比如孩子不听话或者做了一些不应该做的事情，这时候就该父母出面处理。祖辈可以提醒父母注意哪些问题，但具体的措施应该由父母来决定和执行。比如孩子晚上不肯睡觉，祖辈可以告诉父母，然后

隔代教育

让父母来决定如何处理。

其次，当孩子的学习情况需要特别关注时，这也是父母应该主导的时刻。比如孩子的考试成绩不理想，或者在学校表现不佳，父母需要和孩子坐下来讨论哪里出了问题，并制订改进计划。祖辈可以提供一些学习资源或者建议，但最终的决定和跟进应该由父母来做。

再次，当孩子面临重要的人生决策时，比如选择学校、兴趣班或者参加某些活动，这也是父母需要主导的时刻。父母需要根据孩子的兴趣和未来发展做出选择，祖辈可以分享自己的经验和看法，但最终的决定权应该在父母手中。

最后，当孩子有一些特殊的需求或者问题时，比如健康问题或者心理问题，这也是父母需要主导的时刻。父母需要带孩子去看医生或者咨询专家，并根据专业意见采取行动。祖辈可以提供情感支持，但具体的决策和行动应该由父母来负责。

故事时间

迟玉芳的儿子和儿媳经常出差或者加班，平时只有她和孙女梁悦一起生活。

一天，梁悦因为贪玩忘了写作业，老师给梁悦爸爸打了电话，爸爸很生气。晚上回家时，见梁悦正在客厅看电视，他更是气不打一处来，严厉地训斥梁悦："悦悦，你知不知道自己做了什么？老师打电话告诉我，你今天的作业没写，还撒谎说是丢了！"

第三章 和爸妈一起做育儿"铁三角"

梁悦吓了一跳，低下头不敢说话。迟玉芳在一旁看着，心疼孙女，于是开口替她辩解了一句。梁旭见状，更加生气，但仍耐着性子，对迟玉芳说："妈，咱们之前说好的，这种时刻，你不要袒护孩子。"

想起之前的约定，迟玉芳终是什么也没说。

梁旭继续说道："你这样的行为是不对的。撒谎是不诚实的表现，我们不能容忍。你必须对自己的行为负责。"

梁悦的眼泪在眼眶里打转，但她没有辩解，只是小声说："爸爸，我错了，以后再也不敢了。"

梁旭让梁悦把作业补完，明天交给老师，如果下次再发现她撒谎，就不会只是这么简单的训斥了。梁悦眼泪汪汪地回房间，在门口看到奶奶，再也忍不住，眼泪直往下掉。迟玉芳替她擦了眼泪，说："要听爸爸的话。"看着梁悦认真地点头，迟玉芳知道不管她多么疼孩子，但在教育孩子的关键时刻，她必须学会"靠边站"，让儿子儿媳发挥家长的作用。

隔代教育

● 育儿指南

祖辈想要优雅地"靠边站",关键是要懂得在适当的时候放手,让父母在孩子的教育中扮演主导角色。这不仅体现了对年青一代的尊重,更是对孩子成长的重要支持。以下是几种具体的做法,可以帮助祖辈实现这一转变。

首先,祖辈要学会观察。当看到父母在教育孩子时,比如让孩子收拾玩具或者做作业,祖辈可以选择去做自己的事,比如读读书、浇浇花,而不是一直在旁边"监督"或"指导"。这样父母才有机会和孩子单独交流,孩子也能明白听父母的话是最重要的。

其次,祖辈可以提前和父母沟通。比如如果祖辈觉得孩子最近有些行为需要纠正,可以提前和孩子父母说说自己的想法,然后让父母来决定怎么处理。这样孩子父母能按照自己的方式去教育孩子,祖辈也能给出自己的建议,但最终的决定权还是在孩子父母手里。

第三章 和爸妈一起做育儿"铁三角"

最后,祖辈可以学会适时退出。当父母决定要给孩子一些惩罚,比如暂时没收游戏机,祖辈就不要插手,即使心里觉得孩子很可怜。这时候祖辈可以选择回自己的房间,或者出门散步,给父母和孩子一些私人空间。

祖辈在关键时刻给孩子父母空间,既能让孩子父母更好地履行他们的职责,也能让孩子在一个更有秩序的环境中成长。

育儿总结

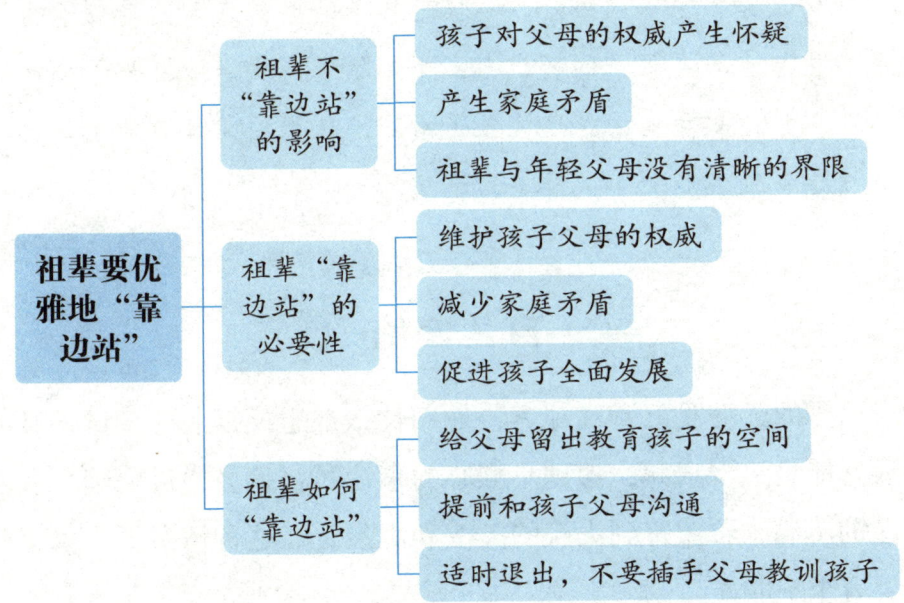

让孩子知道，爸妈才是教育的掌舵人

父母作为家庭的核心，不仅是孩子的监护人，更是孩子的教育主导者。在孩子的教育上，祖辈除了有意识地给孩子父母让步以外，更重要的是要让孩子清晰地认识到父母才是他成长路上的掌舵人。

育儿聚焦

孩子的天性是好奇和探索，他们什么都想摸摸、想试试，又因为表达能力还没成熟，遇到不顺心的事情时，就会通过哭闹来表达自己的不满，希望得到大人的关注和满足。在这种情况下，家里就需要有个掌舵人。

祖辈要让孩子知道父母才是掌舵人，这个认知可以令他们明白，不是所有的事情都能随心所欲，也不是所有人都会无条件地迁就他们。

孩子会发现他们不能随意在祖辈面前撒泼耍赖，因为祖辈也得听爸妈的话，遵守家里的规矩。意识到父母是家庭中的决策者后，他们会在家庭中找到自己的位置，这种认知有助于孩子建立自我控制能力，学会在欲望和规则之间找到平衡。

第三章 和爸妈一起做育儿"铁三角"

此外,当孩子看到祖辈也尊重父母的权威时,他们会更加信任父母的决定。这种信任感会让孩子更愿意遵守家庭规则,也更愿意接受父母的指导和帮助。

祖辈学会尊重父母的权威还会减轻祖辈的育儿压力,他们在照顾孩子时就不再需要频繁地介入冲突或纠正行为,从而能够更轻松地享受与孙辈相处的时光。

 **育儿进阶**

有些祖辈会在不经意间削弱孩子父母的权威,以下为几种常见的情况,看看自己有没有做过呢?

当爸妈规定孩子每天只能玩半小时游戏时,有的祖辈会悄悄让孩子多玩一会儿,孩子便会觉得祖辈比爸妈更"好说话"。爸妈虽然定了规矩,但只要有祖辈在身边,他们就可以任意妄为,反正爸妈拗不过祖辈。

当爸妈告诉孩子必须先完成作业才能出去玩时,有的祖辈在爸妈不在时，会直接带孩子出去玩。孩子可能会认为祖辈更能理解他们，可以不用遵守爸妈的要求。

当孩子吵着要买某个昂贵的玩具时，父母拒绝并解释家里的预算有限。但祖辈可能会为了满足孩子的愿望悄悄买下玩具，甚至在孩子面前说："爷爷奶奶有钱，可以给你买。"这样的行为虽然让孩子得到了短暂的快乐，却会让他忽视父母的教导和家庭的财务状况，认为只要哭闹或撒娇就能得到自己想要的东西，从而削弱了父母在孩子心中的权威。

故事时间

关一鸣家最近有些不太平，问题出在爷爷奶奶身上。

每到周末，父母会带关一鸣去看爷爷奶奶。老两口因一周不见关一鸣，非常想念，所以会把所有好吃的、好玩儿的都摆在他面前。

电视随便看，游戏随便玩，零食吃到饱。爸爸稍微管一管，爷爷就立刻训斥爸爸："一鸣一周才来一次，你不要那么较真儿。"

一次两次以后，关一鸣见爸爸根本不敢跟爷爷顶嘴，就更加变本加厉，有时候犯了错也会给爷爷打电话告状。

后来，关一鸣妈妈看不下去了，召集爷爷奶奶和爸爸一起召开了家庭会议，明确了关一鸣现在的问题。妈妈告诉爷爷：父母在关一鸣的眼中已经失去了权威，父母制订的很多规则他都视而不见。"我们都很爱一鸣，但我们的爱不能成为他成长的阻碍。"

第三章 和爸妈一起做育儿"铁三角"

爷爷听后，有些自责："我们想着他一周才来一次，就尽量让他开心。没想到，这反而害了他。"

爸爸则显得有些无奈："每次我想管教他，都被你们阻止了。现在他在家里越来越放肆，我有时候都不知道该怎么教育他了。"

一家人最终达成一致，无论在家里还是爷爷奶奶家，都要遵守同样的规则。

自此，爷爷奶奶做出了很大的改变。在大家的努力下，关一鸣成为一个优秀、自律、懂得感恩的孩子。

● 育儿指南

让孩子认识到父母是家里的掌舵人，其实就是要让孩子理解并尊重父母的权威。以下几个实用的策略和方法，可以帮助孩子认知到这一点。

首先，祖辈可以通过自己的行为来树立榜样，比如遵守家庭规

隔代教育

则，尊重孩子父母的决定。这样孩子就能从祖辈身上看到对父母权威的尊重，这种身体力行的教育比任何言语都来得有效。

其次，祖辈可以协助父母设定合理的规则和界限，并共同监督执行。在规则面前，祖辈应成为父母的支持者，确保孩子能够遵守家庭规定，理解规则的重要性。当孩子违反规则时，祖辈可以协助孩子父母进行教育和引导，让孩子明白父母的权威是为了维护家庭秩序和自己的成长。

再次，当祖辈与父母在教育孩子上有不同意见时，应学会在孩子面前保持统一战线。即使内心有异议，也应私下与孩子父母进行讨论，避免在孩子面前产生分歧。这样做不仅能维护孩子父母的权威，也能教会孩子如何处理不同意见——不是通过争吵，而是通过沟通和理解。

最后，祖辈要在孩子面前强调父母的辛苦和付出，让孩子理解父母的决策背后是对他未来的关心和期望。比如，当孩子父母决定减少孩子的游戏时间、增加学习时间时，祖辈可以告诉孩子父母这样做是出于什么目的，让孩子理解父母。

第三章 和爸妈一起做育儿"铁三角"

育儿总结

让孩子认识到父母是掌舵人
- 认识到父母是掌舵人对孩子的影响
  - 帮助孩子建立规则意识
  - 帮助孩子培养自我控制能力
  - 增强孩子父母的权威，减少祖辈育儿压力
- 削弱父母权威的常见情况
  - 悄悄放宽孩子父母制订的规则
  - 违背孩子父母制订的规则，私下满足孩子的需求
  - 帮孩子代劳
- 祖辈如何让孩子意识到父母才是掌舵人
  - 祖辈自己要给孩子树立榜样，尊重孩子父母的决定，维护孩子父母的权威
  - 祖辈协助孩子父母设定规则
  - 保持教育上的一致性
  - 让孩子理解父母的决策和付出

祖辈 + 爸妈 = 超能战队

祖辈和年轻父母就像超级英雄团队里的成员，各有所长，相互配合。当他们联手时，就能组成一个无坚不摧的"超能战队"。在日常生活中，他们的角色应该是互补的，要避免重叠，而在特殊时刻又要能配合，成为孩子成长的坚实后盾，共同营造一个和谐美满的家庭环境。

▶ 育儿聚焦 ◀

祖辈和年轻父母可以做好分工，在各自的位置上发挥最大的作用，共同养育孩子。

教育和纪律是孩子的地基，父母要根据孩子的成长定好作息时间、学习计划和行为规则。父母不仅要严格执行这些规则，还得耐心告诉孩子为什么要这么做。而祖辈在这个过程中应该扮演支持者的角色。当孩子不开心时，要帮孩子调整情绪。

此外，父母作为最了解孩子内心世界的人，需要花时间倾听孩子的想法和感受，及时解决孩子的问题。当孩子遇到挫折或困难时，父母要给予心理上的支持和鼓励，帮助他们建立自信。与此同时，祖辈要充当起孩子与父母之间的情感桥梁。祖辈可以用自己的人生经验化解年轻父母与孩子的亲子矛盾和误会。

在日常生活中,祖辈还要更多地承担起照顾孩子日常起居的工作,比如帮助孩子整理房间、准备可口的饭菜,或者在孩子放学后陪伴他们做活动等,这样能让年轻父母腾出更多的时间和精力专注于工作和其他事情。

育儿进阶

为了避免分工混乱,祖辈和年轻父母可以通过一些简单的方法来保持协作。

首先,可以制作一个明确的任务清单。这个清单可以每周或每月更新一次,列出每个人需要负责的事情。比如,祖辈负责孩子的接送和午餐,而父母则负责晚上的作业辅导和周末的活动安排。这样每个人都清楚自己的职责,孩子也知道什么时候该找谁。

其次,可以制订一个责任分配表。这个表格可以贴在家庭的公告板上,让每个人都能看到。比如,孩子需要准备学校项目,表格上会明确指出祖辈负责帮助孩子收集材料,而父母则负责指导孩子完成项目。这样孩子就能明白在不同阶段应该找谁帮忙。

再次,家庭成员可以定期开个小会,讨论一下各自的分工是否合理,有没有什么需要调整的地方。在会议上,每个人都可以提出自己的意见和建议,大家一起商量,找到最好的解决方案。

最后,家庭成员可以通过一些日常的小习惯来保持协作。比如,祖辈可以在孩子放学后问问孩子:"今天学校有什么新鲜事吗?"这样既能了解孩子的日常,也能及时发现孩子可能需要帮助的地方。父母则可以在晚餐时和孩子聊聊:"今天和爷爷奶奶一起做了什么好玩儿的事情?"这样既能增进亲子关系,也能了解祖辈对孩子的照顾情况。

伊洋奶奶发现伊洋最近情绪有点儿不太对,她悄悄地问伊洋:"宝贝,你是不是遇到了什么事?"伊洋说:"我总是学不好数学,每次考试都考得不理想,我好难过。"

奶奶安慰了她一番,然后找伊洋的爸爸妈妈聊了这件事情,几个人商量着为伊洋制订一个学习计划,然后各司其职。

第三章　和爸妈一起做育儿"铁三角"

此后，奶奶会陪伊洋玩一些有趣的数学游戏，有时候是"数字接龙"，有时候是"数学猜谜"。这些游戏不仅让伊洋感到轻松愉快，还逐渐提高了她的数学思维能力。而当伊洋遇到难题时，爸爸会耐心地为她讲解，帮助她厘清思路。

与此同时，在伊洋感到沮丧时，奶奶总是第一个察觉，及时给予她安慰和鼓励，她常说："宝贝，失败并不可怕，你下次会做得更好。"

妈妈则更加关注伊洋的情感和心理健康。她会陪伊洋聊天儿，了解她的心事，帮助她学会表达自己的感受。

在月末，一家人会根据伊洋当月的成绩和状态进行复盘和评估。伊洋也不再像以前那样害怕面对自己的问题，而是学会了主动寻求家人的帮助。

通过全家人的共同努力，伊洋逐渐克服了对数学的恐惧。一天，伊洋回到家后兴奋地告诉全家人："我这次数学考了85分！"

奶奶笑着摸了摸伊洋的头："你看，只要你肯努力，一定会取得进步的。我们为你感到骄傲！"伊洋听了，脸上露出了久违的笑容。

隔代教育

● 育儿指南

为了确保教育目标的实现，祖辈和年轻父母可以采取下面几个步骤。

首先，在家庭会议上，共同制订一个评估计划，包括评估的频率（例如，每月或每学期一次）、评估的内容（学业成绩、行为表现、心理健康等）。

为每项评估设定具体、可量化的标准。例如，学业成绩可以依据考试成绩和老师反馈，行为表现可以通过日常行为记录来评估。

其次，在评估期间，父母和祖辈都应留意孩子的表现，并记录具体的例子和进步。这些信息将在家庭会议上分享和讨论。

每次评估后，家庭成员要针对发现的问题共同制订改进措施。如果孩子在某个学科上遇到困难，可以安排额外的辅导或练习，甚至尝试进行互动或游戏化的学习方式。

在评估过程中，要特别注意孩子的感受。假如孩子对评估感到抵触或焦虑，家长需要保持耐心，倾听他们的想法和担忧。通过积

极的沟通，让孩子明白评估是为了帮助他更好地成长，而不是惩罚或批评。这样孩子会更愿意配合评估，并主动参与改进过程。

评估不是一次性的，而是一个持续的过程。家庭成员需要定期检查和评估孩子的学习目标完成情况，并及时调整学习计划和策略。随着孩子的成长和变化，教育方法也需要不断优化。通过定期的评估和调整，家长可以确保孩子始终处于最佳的成长轨道上，逐步实现教育目标。

育儿总结

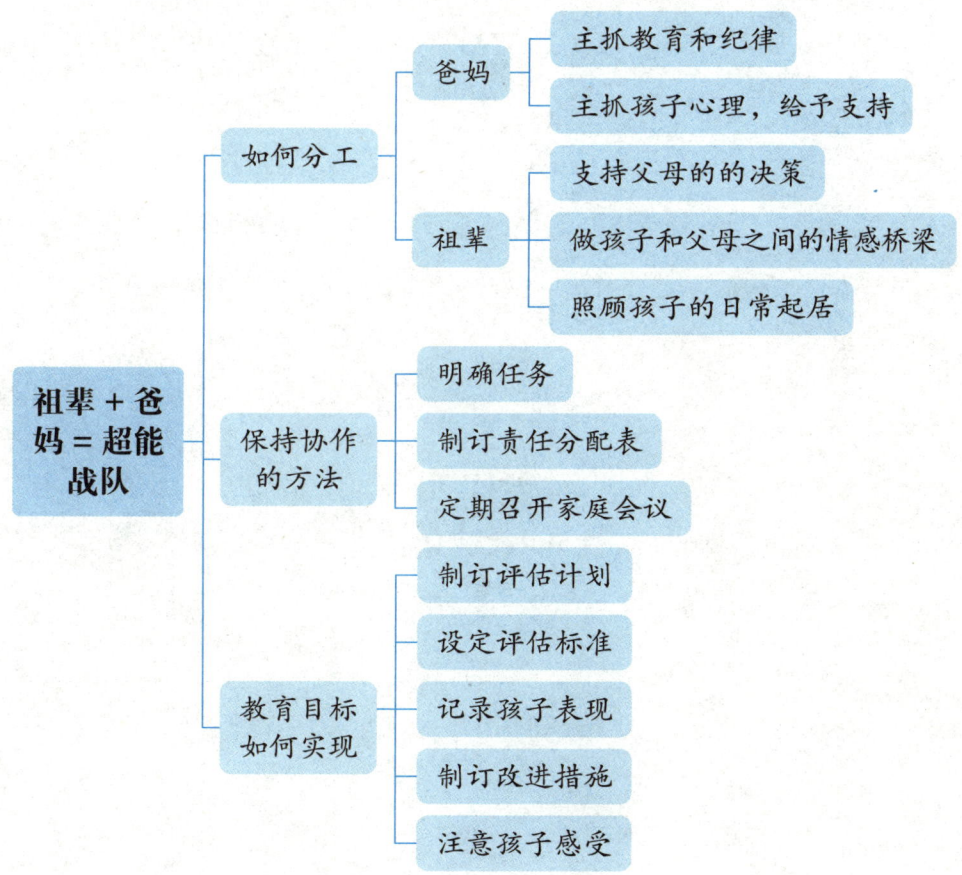

第四章

祖辈是孩子成长的小助手

祖辈作为孩子成长的小助手，能够凭借丰富的经验帮助孩子少走弯路。他们用"老江湖"的智慧，通过游戏和欢笑传递智慧，让孩子在快乐中学习与成长。祖辈与孩子一起探索新事物，能够激发孩子的求知欲，与孩子建立深厚的情感。

同时，祖辈要注重从小事教导孩子珍惜资源、养成好习惯，如节约用水、尊重他人等，帮助孩子成为有责任感和爱心的人。这种方式不仅为孩子的未来奠定了坚实的基础，也为家庭带来了更多的温暖与和谐。

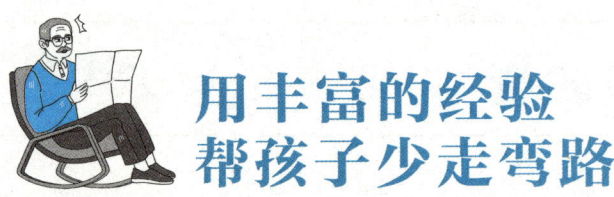
用丰富的经验帮孩子少走弯路

父母都希望孩子能够少走弯路,健康成长。在这个过程中,祖辈的经验是一笔不可忽视的宝贵财富。他们的见解或许没有最新的教育理论那么时髦,却充满了真知灼见。这些经验不仅能够帮助父母更好地理解孩子的成长需求,还能为孩子提供更加实用的指导。

▶ 育儿聚焦 ◀

岁月的痕迹不仅是时间的流逝,还承载着智慧和经验。祖辈经历过不同的时代,那些时代的困难塑造了他们的坚韧和适应力,他们懂得如何在变化中寻找恒常,无论遇到什么困难,他们都能保持乐观,勇敢面对;他们诚实、勤奋,这些品质经过时间的反复淬炼,早已融入他们的骨血,成为他们为人处世的根本。

祖辈的生活哲学简单而深刻。他们信奉"一分耕耘,一分收获"的道理,坚信只有通过辛勤的努力,才能换来真正的收获。这种朴实无华的信念不仅让他们在自己的人生中取得了成功,也成为他们面对人生的态度。

第四章　祖辈是孩子成长的小助手

　　他们能深刻地理解生活中的每一个选择都会带来相应的后果，并且体会过成功不是一蹴而就的，而是需要通过长期的努力和积累才能逐步实现。因此，他们做事情时会更加脚踏实地，不急于求成。

　　此外，祖辈见过繁华，也尝过艰辛，因此他们更懂得真正的幸福不在于拥有多少财富，而在于内心的充实与富足。他们懂得珍惜身边的人和事，知道如何在平凡的生活中找到快乐和满足。这种对生活的深刻理解和感悟是他们经历岁月洗礼后的心得。

 育儿进阶

　　祖辈身上的美好品质是岁月给予他们的馈赠，当他们教育后代时，也会将这些品质传递给孩子。那么，这些品质究竟能

隔代教育

给孩子带来哪些好处呢？让我们一起来看看。

首先，在孩子的学习和生活中，难免会遇到各种挑战与困难。而祖辈那种"咬定青山不放松"的精神能教会孩子在面对难题时不轻言放弃，而是持之以恒地寻找解决之道。孩子会在困境中坚持，在挫折中成长。

其次，祖辈的诚实守信为孩子树立了正直的标杆。在祖辈的言传身教中，孩子将逐渐明白诚实不仅是一种美德，更是赢得他人尊重与信任的关键。无论是考试，还是日常生活中的交往，孩子都会铭记祖辈的教诲，坚守诚实的底线，不欺骗、不隐瞒。

再次，祖辈通过自己的辛勤付出，改善了生活条件，创造了美好生活。这种勤奋的精神将激励孩子在学习和未来的工作中，以更加饱满的热情和坚定的决心去努力。

最后，祖辈对家庭的珍视与对生活的热爱为孩子传递了幸福的真谛。他们用自己的实际行动诠释了"家是最温暖的港湾"这一道理，将让孩子学会珍惜与家人共度的时光，懂得在平凡的生活中寻找幸福与满足。

 **故事时间**

雷川从小就喜欢打篮球，梦想着有一天能成为一名职业球员。然而在学校的篮球队选拔中，雷川竟落选了。这对他的打击很大，他觉得自己付出了那么多努力，却还是失败了，一时间，他想要放

第四章　祖辈是孩子成长的小助手

弃打篮球。

雷川的爷爷雷东成带着他去野外散心，路过一棵树时，爷爷对雷川说："你去看看这棵树多少岁了。"

雷川走过去，见挂在树干上的说明牌上写着，这棵树已经500岁了。

雷东成指着树干的某处说："这里被雷劈过。"雷川凑近一瞅，发现那里有个很深的坑，他小声嘀咕："这都能活？"

雷东成闻言笑了："这棵树从一颗小小的种子开始，经历了无数的狂风暴雨和干旱严寒，才长成了今天的样子，人生也一样。"爷爷用树做引子，跟雷川讲了自己年轻的时候下了岗，没了经济来源，他也感到迷茫和无助，但他重新学习了一门手艺，后来还开了个小店，慢慢地日子越过越好，"你这次落选不要紧，不要失去勇气和信心，还有下次呢。"

你看这棵树，经历过雷劈，却依旧屹立不倒。人生也是这样，失败并不可怕，关键是要重新站起来。

爷爷，我明白了。我不会放弃的，我会像这棵树一样。

隔代教育

　　雷川听完爷爷的话，心里渐渐明朗。他振作起来，开始更加刻苦地训练，研究比赛战术，观看职业球员的比赛录像。在一次校际比赛中，雷川不仅多次命中关键球，防守也非常出色。赛后，教练找到雷川，告诉他："你进步很大，我决定让你加入篮球队。"

　　听到这个消息，雷川激动得热泪盈眶。

● 育儿指南

　　祖辈要怎样用自己丰富的经验帮孩子少走弯路呢？不妨试试下面这几个办法。

　　方法一：晚餐后或者周末悠闲的午后，准备点儿孩子爱吃的小吃和新鲜水果，大家围坐在一起。祖辈讲述自己年轻时的故事，讲故事的时候，别忘了适时停下来问问孩子："如果换作是你，你会怎么做呢？"这样可以让孩子也参与到故事中来，思考并学习应对策略。等到故事讲完后，再一起聊聊从中学到了什么。

　　方法二：教孩子学会发现身边的问题和挑战，无论是学习上的难题，还是和朋友之间的小误会。祖辈可以引导孩子一步步分析问题，比如："你觉得这个问题是怎么产生的呢？"这样可以帮助孩子培养批判性思维。然后一起进行头脑风暴，想想有哪些解决办法，鼓励孩子多试试，直到找到最适合自己的方法。最后让孩子在实践中验证这些方法，即使失败了也没关系，重要的是要从中学到东西。

　　方法三：祖辈可以分享一些因诚实守信而赢得尊重与信任的故事。在家里，可以立下一些简单的诚信规矩，比如"不说谎话""考试不作弊"，并且要严格执行。鼓励孩子说出自己的真实想法，哪怕这些想法和别人不一样，也要尊重他们的独特性。

第四章　祖辈是孩子成长的小助手

育儿总结

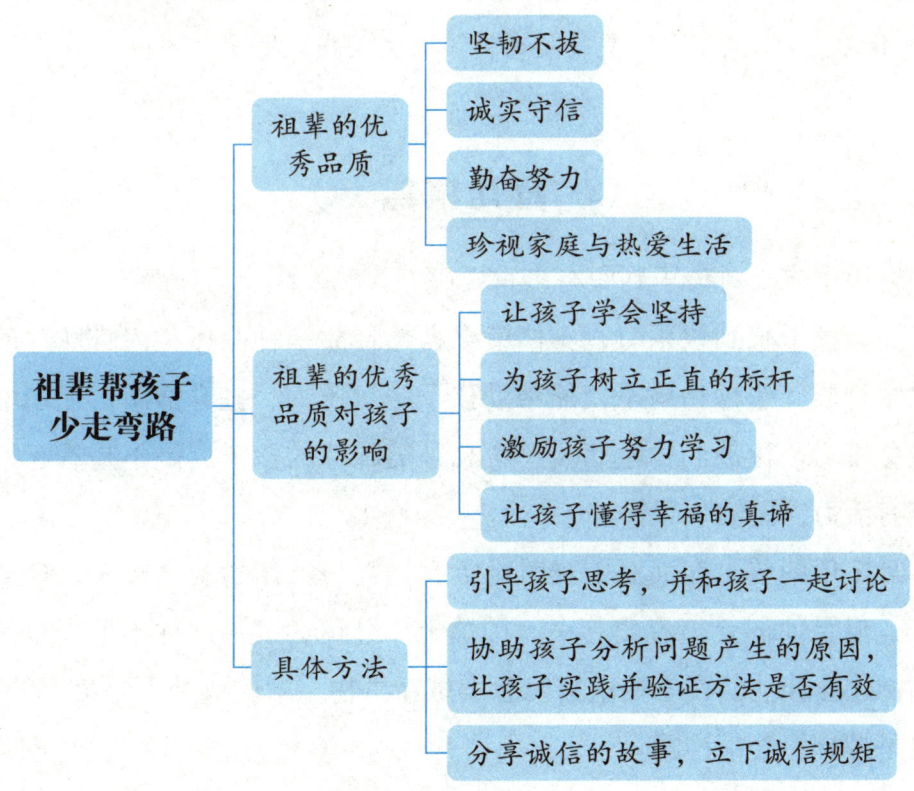

让孩子在快乐中成长

每个孩子都是一颗独特的种子,而快乐则是滋养他们心灵的甘露。快乐的童年能够为孩子打下坚实的基础,让他们在成长的道路上更加自信和乐观。我们常说,要让孩子在快乐中成长,这不仅仅是一句口号,更需要我们用心去实践、用爱去守护。

▶ 育儿聚焦 ◀

快乐成长对孩子到底有多重要呢?

当孩子感到快乐时,身体就会自然释放一种叫作"内啡肽"的化学物质。这种物质不仅能帮助孩子缓解压力、提升情绪,还能增强免疫力,让他们少生病。一个总是笑眯眯的孩子,是不是看起来更有活力、更健康呢?

快乐的孩子在面对困难时也更有韧性。就像学骑自行车,摔倒了,但是他们会笑着爬起来,拍拍土,继续尝试。这种不怕失败的精神还会让他们在学校里更愿意尝试新事物,即使成绩不是最好的,也是最具探索精神的。

快乐的孩子交朋友也更容易。他们像小太阳一样容易让人亲近,别的小朋友也喜欢和他们一起玩耍。与同伴相处时,他们愿意分享

第四章　祖辈是孩子成长的小助手

和合作，也愿意帮助别人。

快乐还能让孩子的脑筋转得更快。他们对世界充满了好奇，喜欢问问题，喜欢尝试新游戏。这样的探索精神能让他们学到更多知识，比如在户外寻找不同的叶子，或者在家里做小实验。

最重要的是快乐给了孩子一种力量，让他们相信自己能行。这种自信会让他们在未来遇到挑战和困难时，更有勇气去面对。无论是在舞台上表演，还是在运动会上比赛，快乐的孩子都能享受过程，而不是只盯着结果。

育儿进阶

有些家长或教育环境可能会不自觉地压抑孩子的天性，这对孩子的身心健康和发展有着极大的负面影响。

当孩子长期处于被压抑的状态时，他们的情绪得不到正常的宣泄，容易产生焦虑、抑郁等心理问题。总是被要求"听话""乖巧"的孩子，会因为害怕犯错而变得过度内向，甚至

隔代教育

不敢表达自己的真实想法。这种情绪上的压抑如果得不到及时的疏导，则会导致孩子在成年后也难以处理自己的情感问题，甚至出现严重的心理障碍。

被压抑成长的孩子往往缺乏自信，因为他们要按照父母或老师的期望行事，而不是根据自己的兴趣和能力来发展。例如，一个喜欢画画儿的孩子，如果因为家长觉得"画画儿没前途"而被迫放弃，他会逐渐失去自信心，认为自己什么都做不好。长此以往，孩子的自信心会受到严重打击，觉得自己无法胜任任何事情。

被压抑的孩子往往不知道如何正确地表达自己的情感。长辈教育他们"不能哭""不能发脾气"，久而久之，他们不知道自己到底在想什么、感觉如何。这种情感表达的困难可能会导致孩子在面对压力时无法找到合适的应对方式，进而产生更多的负面情绪。

故事时间

乔源的爷爷乔长海和奶奶秦美英是两个风趣幽默的老人，他们性格开朗，热爱生活，有他们在的地方，总能听到欢声笑语。

秦美英将周六晚定为"家庭游戏日"，全家人一起玩扑克牌、猜谜语、做手工，乔源每次都玩得很尽兴，笑得肚子痛。

但乔源心中始终有一个小小的烦恼，他从小就爱画画儿，可父母因为担心耽误学业，不支持他花太多时间在画画儿上，乔源感

第四章　祖辈是孩子成长的小助手

到很沮丧。

爷爷乔长海见乔源很烦恼,便与乔源爸爸商量,他负责不让乔源因为画画儿而耽误学习,希望能让乔源继续做他喜欢的事情。

乔长海带乔源去公园写生,参观艺术展览,当他完成作品后,乔长海会认真欣赏,并及时给予鼓励。乔源的画技进步飞速,为了让乔源有更多的展示机会,乔长海还为他报名参加了一些绘画比赛。一次,乔源的作品在全市青少年绘画比赛中获得了二等奖。

乔长海将这个消息告知家人,乔源激动坏了,在客厅又跳又笑,这可是他第一次获得正式的认可,也是对他努力的最大肯定,他跑过来抱住乔长海说:"爷爷,谢谢您,我太开心了!"

与此同时,乔源的学习成绩始终保持在中上游的水平,看到乔源在绘画和学业上能兼顾得很好,他父母的态度也发生了转变。

而乔源在乔长海的协助下,又给自己制订了一个新的目标,但暂时保密,要等成绩出来那天才会揭晓。

隔代教育

○ 育儿指南

祖辈想要为孩子营造一个快乐的成长环境，可以从以下几个方面入手。

首先，打造安全的"游乐场"。在家中设立一个"儿童角"，放置柔软的垫子、无毒的玩具和书籍，并定期检查家中的安全隐患，如插座保护盖、尖锐家具的边角防护等。

其次，与孩子一起动手实践。准备一些简单的道具和材料，和孩子一起做实验、玩游戏，或者一起种植植物或蔬菜，观察它们的生长过程。

再次，培养孩子的乐观心态。当孩子遇到困难时，用"我们一起想办法"鼓励他，然后定期举行"家庭表彰大会"，表扬孩子的进步和努力，让他有成就感。

此外，寻找并支持孩子的兴趣。观察孩子的兴趣所在，如喜欢

第四章 祖辈是孩子成长的小助手

画画儿就提供画笔和纸张，喜欢音乐就一起学唱歌。鼓励孩子参加社区或学校的兴趣小组，与同龄人交流。

最后，认真听孩子说。每周举行一次"家庭晚餐"，大家围坐在一起分享一周的趣事，多让孩子说，长辈们做听众。在孩子讲述的过程中，适当地给予应和与鼓励。

育儿总结

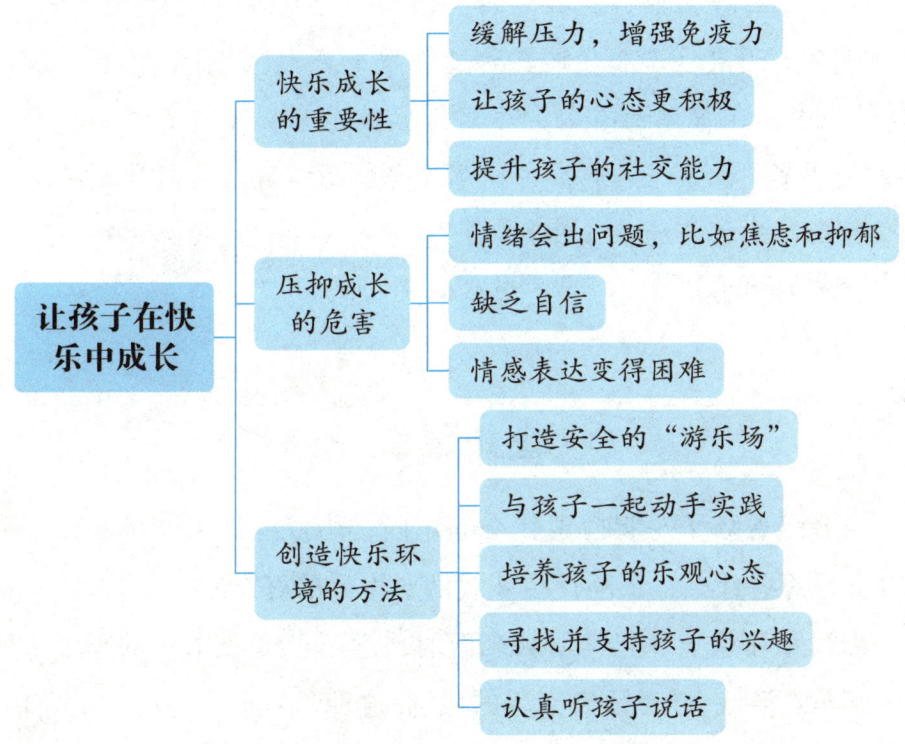

109

和孩子一起学新招儿,不落伍

对于许多家长,尤其是那些经历过不同年代的老人来说,可能会感到自己与孩子的代沟变得越来越大,担心自己会"落伍"。有一个简单而有效的方法可以拉近家长与孩子之间的距离,让家长和孩子一起成长,那就是共同学习。共同学习不仅仅是为了掌握新的技能和知识,它更是一种增进代际交流、增强家庭凝聚力的方式。

▶ 育儿聚焦 ◀

祖辈陪着孩子一起探索新奇的东西,不仅能让祖辈了解孩子喜欢什么、想些什么,还能让祖辈找回对世界的好奇心。

当祖辈和孩子一起学习新东西时,学习就变成了一件趣事。比如一起学新游戏,或者研究家里的植物,这种学习不再是单向的灌输,而是变成一场充满互动和乐趣的探险。无论是一起学外语,还是尝试做一道新菜,大家都能互相教对方,分享自己的想法。这样的学习方式不仅轻松愉快,还能点燃彼此的好奇心。

共同学习也给了祖辈和孩子一个平等交流的机会。在这个过程中,祖辈不再是高高在上的"老师",而是变成了孩子的学习伙伴。

第四章 祖辈是孩子成长的小助手

大家可以一起讨论问题，甚至争论一番。这种开放式的交流有助于拉近两代人的距离，让彼此更加了解。祖辈能更好地理解孩子的想法，孩子也能从祖辈的经验中得到启发。

最重要的是，祖辈可以通过自己的行为告诉孩子，学习不是为了考试，而是为了探索世界。祖辈可以展示出无论多大年纪，学习都能带来乐趣和收获。这种态度会影响孩子的一生，让他们在未来的学习和生活中保持强烈的好奇心和求知欲。

育儿进阶

很多祖辈可能会觉得"我年纪大了，学不会新东西"或"现在的东西太复杂了"，这种想法是不可取的。祖辈要保持开放且积极的学习态度，因为学习不是年轻人的专利。

现代社会的变化速度令人眼花缭乱，但变化本身并不可怕，关键在于如何看待它。与其抗拒变化，不如学会接受它，

隔代教育

甚至主动拥抱各种变化。当遇到新的技术或生活方式时，不要急于否定或拒绝，试着告诉自己："虽然这是我从未尝试过的东西，但也许会很有趣。"通过这种积极的心理暗示，逐渐培养出对变化的开放态度。

无论年龄多大，我们都要保持对世界的好奇心。祖辈可以像孩子一样，对周围的事物保持好奇，问问"为什么""这是怎么来的""它是怎么工作的"。通过不断地提问，激发自己的求知欲，保持对新事物的兴趣。

很多祖辈在学习新事物时可能会有这样的想法："我年纪这么大了，如果还学不会这个，就太丢人了。"这种担心会让自己感到压力重重，最终选择放弃。这时可以想想自己已经走过的人生，学习骑自行车、学新手艺、第一次使用电脑，哪一样不是一步步摸索，一次次尝试？现在只不过是换了一种新技能，学习的本质并没有改变。

调整好心态，然后和孩子一起学习吧！

殷秀兰最近发现小宇总是一头扎进房间，不知在鼓捣什么，时不时听见他兴奋的呼喊声。这天，她忍不住轻轻推开房门，见小宇手里握着个小巧的遥控器，眼睛紧紧盯着地上一个模样炫酷的机器人，随着他的手指按动，机器人灵活地转来转去。

"小宇，这是啥呀，这么好玩儿！"殷秀兰好奇地问道。

第四章 祖辈是孩子成长的小助手

小宇拉着她的手说:"奶奶,这是我的智能机器人,可听话了,我给您展示展示。"说罢,他操控着机器人在奶奶脚边绕圈,还让它做出跳舞、抬手打招呼的动作,逗得殷秀兰哈哈大笑。

看着奶奶兴致颇高,小宇提议:"奶奶,咱们一起玩呗。"

殷秀兰欣然答应,祖孙俩还把客厅一角布置成"赛场",摆上几个小障碍,准备来一场机器人"障碍挑战赛"。

初次尝试时,殷秀兰拿着遥控器,手指有些颤抖,机器人走起路来歪歪扭扭,一不小心就撞在障碍物上了。

小宇在一旁耐心指导:"奶奶,您别着急,按这个键是慢慢转弯,这个是加速……"

殷秀兰戴着老花镜,仔细研究着遥控器,嘴里念叨着口诀,渐渐掌握了窍门。

几轮下来,祖孙俩的笑声回荡在客厅。玩累了,殷秀兰感慨道:"现在这科技真神奇,奶奶小时候哪见过这些。"

小宇笑着说:"奶奶,以后我带您玩更多好玩儿的科技产品。"

殷秀兰点点头:"好,我跟你一起学习。"

113

隔代教育

> ● 育儿指南

  与孩子一起学习是一个既温馨又富有成效的过程，以下是一些步骤和方法，能帮助祖孙一起享受学习的乐趣，并确保双方都能从中受益。

  首先，和孩子一起讨论各自感兴趣的话题。无论是科学、艺术、历史，还是体育，找到一个双方都感兴趣的领域作为起点，这样可以提高双方的参与度和积极性。

  其次，与孩子一起设定一个具体且可实现的学习目标。这个目标可以是短期的，也可以是长期的。但要确保目标明确且具有挑战性，而且不要难度太大。

  再次，为共同学习安排一个固定的时间，可以是每周一次或每天晚上半小时。确保这段时间不会被打扰，家庭成员可以一起专注于学习。

  最后，为学习活动准备一个安静、舒适的空间，确保有足够的光线和必要的学习工具（如书籍、笔记本、电脑等）。如果有条件的

第四章 祖辈是孩子成长的小助手

话,就在房间里摆放一些与学习主题相关的物品,这样做是为了能够集中注意力学习,增加氛围,减少外界干扰。

在共同学习的过程中,祖辈和孩子是平等的学习伙伴,而不是单方面的指导者和被指导者,因此祖辈可以和孩子相互分享遇到的困难,然后商量该怎么解决,可以试着问对方:"你觉得我们该怎么处理这个问题?"或者"你有没有什么想法?"通过讨论,双方可以集思广益,找到更好的解决方案。通过这种互动,双方都能感受到彼此的支持,增强自信心和成就感。

育儿总结

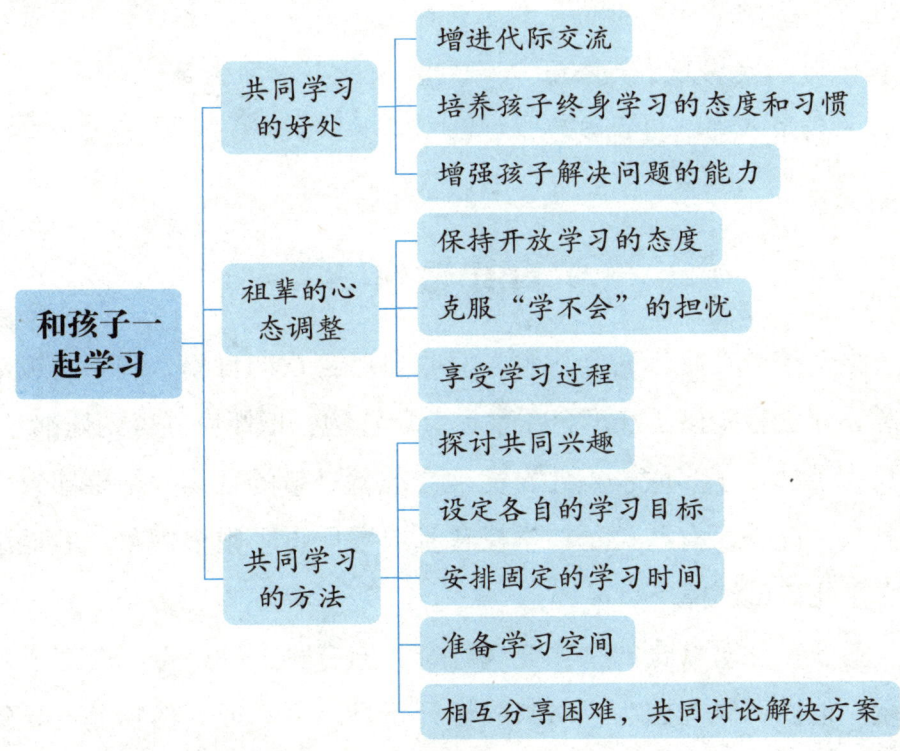

教孩子学会珍惜，从点滴做起，养成好习惯

在现代社会中，许多孩子由于生活环境的便利和资源的丰富养成了不珍惜资源的行为。这些行为不仅会浪费宝贵的资源，还可能影响孩子的价值观和未来的生活态度。因此祖辈在教育孩子时，有责任引导孩子认识到，每一个物品、每一刻时光、每一份情感都是值得被珍视的。

▶ 育儿聚焦 ◀

很多孩子在吃饭时会挑食，只吃自己喜欢的食物，剩下的饭菜随意丢弃。有些孩子甚至会在餐桌上玩食物，把饭粒弄得到处都是。家长为了让孩子多吃一点儿，往往会准备过量的食物，结果导致大量剩余。此外，有些孩子在学校食堂或餐厅点了很多饭菜，但最后只吃了几口就倒掉了。

孩子往往对新奇的事物充满好奇，但有时这种好奇心会变成破坏欲。他们可能会因为一时兴起拆开玩具、文具或其他物品，导致这些物品无法正常使用。有些孩子在使用物品时不注意保护，随意乱扔，结果东西很快就坏了。更糟糕的是，这些孩子在物品损坏后，

第四章 祖辈是孩子成长的小助手

会要求家长买新的,而不是尝试修复或继续使用。

还有些孩子在与他人相处时,缺乏对他人的基本尊重,尤其体现在不珍惜他人的时间和劳动上。比如,孩子可能会在课堂上不认真听讲,打断老师的讲解;在家中,孩子可能会拖延时间,不做家务,甚至让家长代劳;在公共场所,孩子可能会大声喧哗,影响他人。这些行为既让他人感到不满,又影响孩子的形象和人际关系。

祖辈在养育孩子的过程中要多观察,看孩子是否出现了上述的情形,如果有,则要多加注意了,因为这些行为会给孩子带来诸多坏处。

育儿进阶

一个懂得珍惜的孩子会更懂得感恩,他们清楚很多事是需要感谢的,譬如家人每天辛苦工作,老师耐心教他知识,朋友在他需要时伸出援手。这样的孩子在吃饭时不会剩饭,因为他们知道每一粒米都来之不易;会在玩完玩具后收拾好,因为知

隔代教育

道东西坏了就没法儿再用；他们还会合理安排时间，不会总玩游戏，因为知道时间一去不复返。

当他们长大后，做事情更有分寸，因为他们知道每件事都有它的意义和价值。比如，他们不会随便扔东西，因为他们知道浪费是不对的；他们也不会总是迟到，因为他们懂得守时是尊重别人，这种责任感会让他们在学校里更受欢迎。等到他们工作了，也会因为自律和担当，得到别人的信任。

懂得珍惜的孩子更容易从生活中找到快乐。他们不需要很多玩具或漂亮的衣服，简单的一顿饭、一本好看的书，或者和家人在一起的时光，都能让他们开心得不得了，他们自信又快乐。

教会孩子珍惜，就是教会他们感恩、负责任和找到内心的快乐。这样的孩子将来无论遇到什么困难，都能保持乐观，而且会走得更稳、更远。

 **故事时间**

晓蕾有个特别会过日子的奶奶，奶奶总是对晓蕾说："生活中的每一样东西都很宝贵，我们要学会珍惜。"

一天，晓蕾从学校拿回了很多手工材料，她开始兴奋地剪彩纸、贴胶水，没过多久，桌子上就堆满了被剪下来的废纸。奶奶看到后，并没有直接批评晓蕾，而是坐下来和她一起收拾。奶奶告诉晓蕾，可以把这些废纸收集起来，做成小卡片或者书签，这样就不会浪费了。

第四章　祖辈是孩子成长的小助手

晓蕾依照奶奶的话做了很多可爱的卡片和书签，自己留了一些，剩下的送给了朋友，大家都很高兴。

还有一次，晓蕾吃晚饭时，因为不喜欢那天的菜，她只吃了几口就不想吃了。奶奶没有强迫她，而是给晓蕾讲了自己小时候的故事。那时候食物很珍贵，家里常常没有足够的食物，有时候一天只能吃一顿饭，有的家庭只能去啃树皮、吃草根。晓蕾听了奶奶的故事，心里感到很愧疚。从那以后，她每次都会尽量吃完盘子里的食物，不再挑食了。

奶奶还教她如何分类垃圾。晓蕾学会了区分塑料、纸张和玻璃，她还在学校成立了一个回收小组，带领同学们一起参与环保活动。

慢慢地，晓蕾不仅学会了珍惜食物和资源，还学会了珍惜时间。在奶奶的指导下，她开始制订学习计划，合理安排时间，学习和玩耍两不误。这样一来，晓蕾的学习成绩越来越好，她也变得更加独立和自信了。

隔代教育

育儿指南

为了帮助孩子养成珍惜生活的好习惯，我们可以采取一些措施，让孩子在日常生活中逐渐树立正确的意识。

1. 每天晚餐时，全家人可以一起分享当天值得感恩的三件事，小到奶奶做的早餐，大到与朋友的美好时光。这个习惯能让孩子学会关注生活中的美好事物。

2. 制订家庭规则，比如"光盘行动"，吃饭时不挑食、不浪费，鼓励孩子吃完碗里的每一粒米。同时教会孩子按需取餐，避免过量。

3. 洗手、洗脸时，提醒孩子用完后记得关紧水龙头，离开房间时随手关灯。

4. 教会孩子区分可回收垃圾和不可回收垃圾，可以将家里的废

纸、塑料瓶收集起来，一起送到回收站。还可以动手做一些小手工，比如用废纸做笔筒，既环保又有趣。

5. 定期组织户外活动，如徒步、野餐，让孩子亲近大自然，感受大自然的馈赠。通过体验，他们会更加珍惜大自然的美好与和谐。

6. 鼓励孩子与家人、朋友分享自己的快乐与收获，无论是学习上的进步还是生活中的趣事。分享能增进情感，也能让孩子学会感恩与回馈。

育儿总结

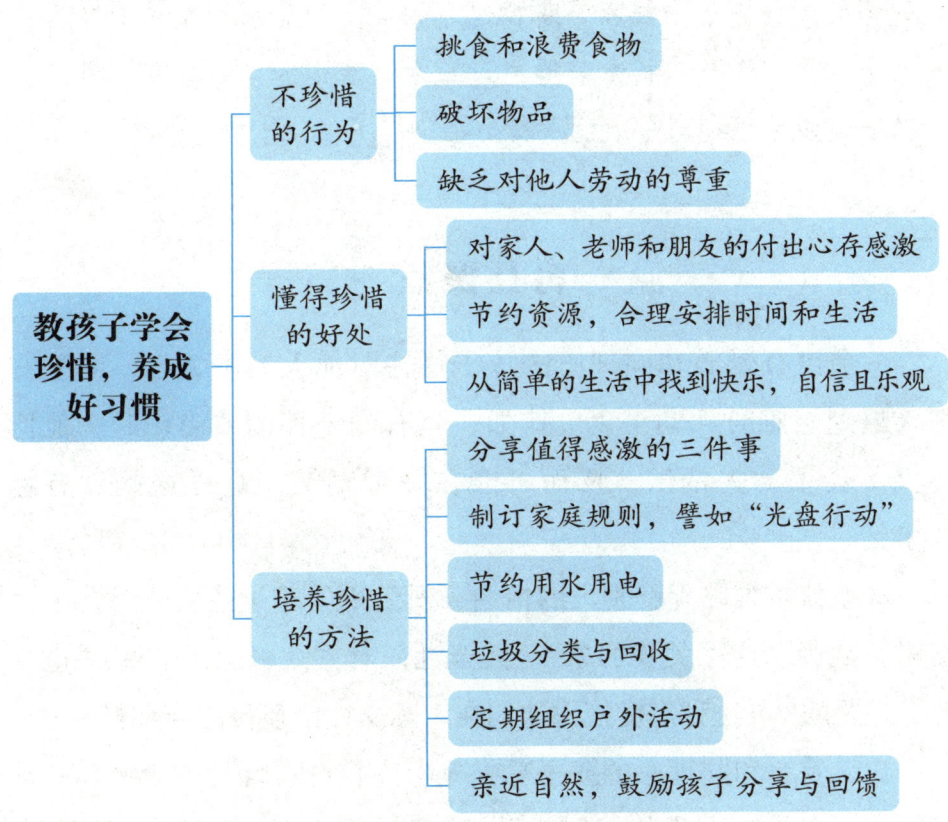

让孩子成为"小暖男/女"

我们总希望孩子拥有温暖的心灵,成为懂得关心他人、富有爱心的小暖男或小暖女。然而在当前这个快节奏、竞争激烈的环境中,孩子往往容易忽视他人的情感和需求,专注于自己的小世界。因此,祖辈需要通过日常生活中的点滴教育,帮助孩子逐步建立起对他人的关爱之心。

▶ 育儿聚焦 ◀

一个没有爱心和同理心的孩子往往对他人漠不关心,甚至在别人遇到困难时无动于衷。比如,当有同学摔倒或受伤时,他们不仅不会主动去帮忙,反而可能在一旁嘲笑,觉得这是件有趣的事情。

这些孩子难以理解别人的情绪,看到别人难过或哭泣时,不去安慰,认为"这不关我的事",甚至觉得对方太脆弱,会说:"这有什么好哭的?"这种态度使得他们在人际交往中显得冷漠和自私。

缺乏爱心和同理心的孩子总是先考虑自己,玩具、食物都要抢最好的。在团队活动中,他们只按自己的想法来,不愿意听取别人的意见。如果有人提出不同的建议,他们可能会直接否定,甚至强行要求别人按照自己的方式做事。这种以自我为中心的行为容易引起团队内部的矛盾和冲突。

遇到分歧或争执，他们可能会直接动手或大声吵闹，而不是好好沟通。这样的行为既伤害他人，也会让他们失去朋友的信任和支持。

更严重的是，有些孩子会嘲笑和欺负新来的同学或身体有残疾的同学，觉得他们和自己"不一样"。他们会用言语攻击，比如说："你怎么这么笨哪！"或者故意排挤那些与自己不同的人。

育儿进阶

教会孩子有爱心和同理心，就是教会他们成为一个受人欢迎、懂得合作、有责任感的人。这样的孩子无论在学校，还是将来步入社会，都能用他们的善良和关爱给周围的人带来温暖。

这样的孩子在学校里人缘好，大家都愿意和他一起玩。他懂得听别人说话，别人难过时会安慰，别人需要时会帮忙。这

隔代教育

不仅能让孩子在学校里更受欢迎，还能帮助他在未来的职场和社会生活中建立良好的人际关系。

这样的孩子长大了会更有责任感，他知道自己的一举一动会影响别人，所以他会主动去做好事，比如帮邻居老奶奶买东西，或者参加社区的清洁活动。他不仅关心自己的利益，还会考虑到别人的感受和社会的整体利益。

此外，在遇到分歧时，他能采取更加包容和理性的态度去解决问题。当两个小朋友因为玩具发生争执时，有同理心的孩子会尝试理解对方的感受，提出一个双方都能接受的解决方案，而不是直接动手打人或大声争吵。这种解决问题的方式不仅能让矛盾得到妥善解决，还能增进彼此之间的友谊。

更重要的是，当孩子通过小小的善举让别人感到温暖时，他会体验到一种比任何物质上的收获都要来得深刻和持久的满足感，这样的人更容易感到幸福。

故事时间

蓉蓉的爸妈最近工作有调动，没有办法照顾家庭，他们不得不把蓉蓉送到爷爷奶奶那里。

奶奶发现蓉蓉不像其他小孩那样活泼开朗，对人、对事都透着一股冷漠感。

这天，奶奶接到蓉蓉班主任的电话，说蓉蓉在学校欺负新同学，因为新同学刚从外地转过来，讲话有些口音，蓉蓉带头嘲笑对方，还给人家取了个绰号,搞得新同学不愿意去上学了。

老师让蓉蓉给新同学道歉,但蓉蓉不以为意,认为这只是"开个玩笑",并没有什么大不了的。老师建议爷爷奶奶在家里多关注蓉蓉的情感教育,帮助她学会换位思考。

挂断电话后,奶奶和爷爷商量了这件事,认为可能是父母的工作调动让蓉蓉不高兴,她以此来博取关注。

晚饭后,两人温柔地询问蓉蓉在学校发生了什么事,蓉蓉犹豫了片刻,告诉了他们新同学的事,奶奶摸摸她的头,说:"你想过没有,如果你去一个陌生的地方,大家都不理解你说的话,还嘲笑你,你会是什么感觉?"

蓉蓉想了想,说:"会害怕吧。"

奶奶顺着她的话说:"对,会害怕,会孤单,我们要多站在别人的角度想想。"

经过爷爷奶奶的引导,蓉蓉意识到自己确实做得不对。第二天,她主动给新同学道歉,然后和她一起玩,同学们看到蓉蓉这样,也转变了态度。

隔代教育

班主任将结果同步给蓉蓉的爷爷奶奶，两人感到很欣慰，又觉得自己任重而道远。

● 育儿指南

祖辈该如何培养孩子的爱心和同理心，引导他们关心他人呢？可以试试下面这些方法。

孩子最容易模仿的对象就是身边的长辈，尤其是爷爷奶奶这样亲近的人。因此，祖辈首先要给孩子树立良好的榜样。

每天早上起床后，让孩子向家人表达关心；带孩子参加一些社区组织的志愿服务活动，如为流浪动物准备食物。

当孩子主动帮助别人时，及时表扬"你真棒！"，并且鼓励孩子在日常生活中多说"谢谢""对不起""请"等礼貌用语。同时，让孩子学会倾听，当别人说话时，认真倾听并回应。

看到别人难过时，可以问问孩子："你觉得他为什么这么伤心？

第四章　祖辈是孩子成长的小助手

我们可以怎么帮助他？"通过这种方式，孩子会逐渐学会换位思考，培养同理心。此外，要多观察孩子的表情和情绪，及时询问他的感受，帮助他表达内心的想法。

为了让孩子更有动力去关心他人，祖辈可以设立一些奖励机制，然后做个"爱心存折"，每当孩子做出关心他人的行为时，就在存折上记录一笔，积累到一定数量后给予孩子相应的奖励。

育儿总结

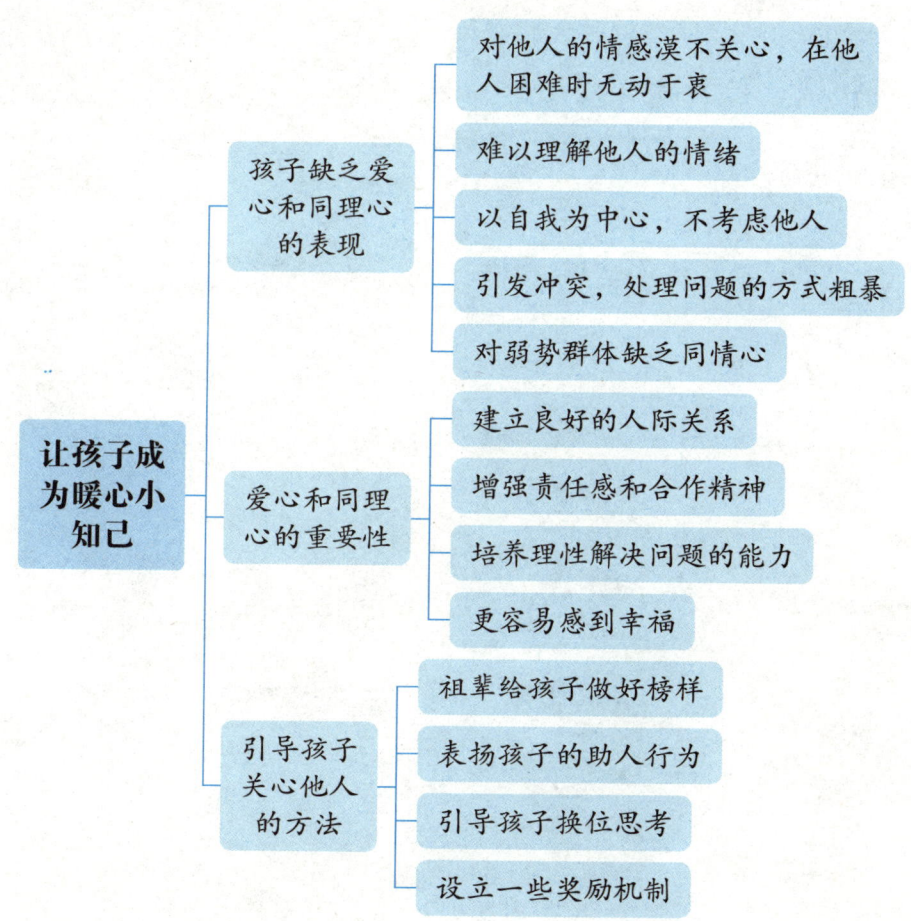

第五章

让孩子的成长之路不跑偏

祖辈应扮演积极的引导者，面对孩子打人的行为，不应只是做"和事佬"，而要明确指出错误并教导其正确的社交技巧。避免用恐吓故事如"狼来了"损害孩子的心理安全感。祖辈应成为孩子的心灵支持者，在困难时给予温暖，而不是冷眼旁观。

物质激励可以适度使用，但要防止孩子变得贪婪。更重要的是帮助孩子建立自信，克服社交恐惧，培养良好的人际关系。通过这些方式，祖辈能确保孩子健康成长，未来更加独立、勇敢和自信。

# 孩子打人时，祖辈不要当"和事佬"

在和其他人一起玩耍的时候，很多孩子会因出现争端而冲动打人，虽然这种行为有时不是孩子的本意，却会对其未来的社交与情感发展造成不良影响。祖辈在面对这种情况时，是充当"和事佬"，简单地平息争端或轻描淡写地责备孩子，还是矫正他的行为呢？

▶ 育儿聚焦 ◀

当孩子出现打人的行为时，作为祖辈，很多老人的第一反应是当"和事佬"，试图平息争端，避免冲突升级。虽然这种做法在短期内会让局面平静下来，但从长远来看，则会带来很多负面的影响。

影响一：两个孩子因为争抢玩具而发生了打斗，祖辈只是把玩具拿走，然后让孩子们各自去玩。在这种情况下，孩子并不知道自己错在哪里，也不知道下次遇到类似问题时该如何解决。下次遇到相似的情况时，孩子会再次打人，因为他没有得到正确的引导。

影响二：当孩子在学校里打人后，老师可能会要求孩子道歉，

第五章 让孩子的成长之路不跑偏

但祖辈认为孩子还小,不应该过于苛责,于是替孩子解释:"他只是不小心。"

久而久之,孩子会变得不负责任,不愿对自己的行为负责。这对其性格形成和社会适应能力极为不利。

影响三:如果孩子长期打人而不受约束,会变得霸道、暴力、自私,这种性格会影响孩子的社交能力。例如,在学校里,孩子会因为打人而被同学们疏远,甚至成为班级里的"麻烦制造者"。其他孩子可能会害怕与他相处,这会导致孩子难以融入集体,感到孤独。

 **育儿进阶**

作为家长,我们要理解孩子为什么会打人,只有这样,才能帮助孩子改正这些行为。

隔代教育

孩子还小,还不太会用言语表达自己的感受。比如,他要是生气了、害怕了或者不高兴了,会觉得打人是最直接的办法,能让别人马上注意到他的感受,就跟小宝宝哭一样。

孩子特别会模仿。他看家里人吵架时动手或者动画片里的人物打打闹闹,可能会觉得这是正常的。他不是故意要伤害人,只是还没弄明白哪些行为是对的,哪些是错的。

在孩子的认知里,有时候打人是想显得自己厉害。他觉得这样能让别人听自己的,或者让自己看起来更强。这通常是孩子觉得自己没什么力量,想通过打人来控制局面。虽然这种做法不对,但对孩子来说,他觉得这是控制局面的一种方法。

还有些孩子打人是因为他还不懂怎么和别人相处。他不知道打人会让别人受伤,也不知道这样做是不被大家接受的。对小一点儿的孩子来说,他们还在学习怎么尊重别人的感受。如果没人教,他们就会不小心做出伤害别人的事。

所以我们得耐心地告诉孩子怎么用更好的方式表达自己,怎么处理不高兴的情绪。

故事时间

一天下午,计爱芹正在厨房里准备晚餐,突然听到客厅里传来一阵争吵声。她赶紧跑过去,发现承宇正在和弟弟浩泽打架。

计爱芹立刻把他们分开,轻声说:"好了,别打了,你们俩都冷

第五章 让孩子的成长之路不跑偏

静一下。"然后她把承宇带到一边,温柔地问:"承宇,我知道你现在很生气,但是能告诉奶奶为什么和弟弟打架吗?"

承宇红着眼睛,低声说:"他不让我碰遥控器,我想看我喜欢的动画片。"

计爱芹点了点头,表示理解他的感受:"我知道你想看电视,但打人是不对的。我们换个方式来解决好不好?"计爱芹将兄弟俩叫到一起,告诉他们,两人都可以看自己喜欢的频道,但是每人只能看二十分钟,然后让他们猜拳,谁赢了谁先看。

后来,在每天的晚饭后,计爱芹会和两个孩子一起玩"情绪卡片"游戏。每张卡片上画着不同的情绪表情,如开心、生气、难过等。

她问两个孩子:"今天你有没有这些情绪呢?你是怎么处理的?"

通过这个游戏,承宇和浩泽逐渐学会了控制自己的情绪。有一次,承宇又差点儿和浩泽动手,计爱芹看到后立刻说:"你们两个不要忘记我们的规则哟。"

隔代教育

听了计爱芹的话，承宇放下了手，和浩泽一起玩起了新游戏。

通过计爱芹的耐心引导，兄弟二人改掉了打人的习惯，学会了用正确的方式表达自己的情绪和解决问题。

● 育儿指南

当孩子打人时，祖辈勿做"和事佬"，而是要以理解和耐心的态度来处理这个问题。正确引导孩子，帮助他们学会健康的情绪管理和社交技巧。

首先要保持冷静，不要立刻发火或惩罚孩子。情绪化的反应可能会加剧孩子的不良行为。相反，应该用平和的语气告诉孩子："我们不打人，这样做会让别人受伤。"这样可以让孩子明白他们的行为是不对的，但同时也能感受到家长的理解和支持。

如果孩子在打人时情绪激动，可以先轻轻抱起孩子，带他到一个安静的地方，让他冷静下来。等孩子情绪稳定后，再进行沟通，避免在孩子情绪激动时强行说教。

其次，应该花时间去了解孩子为什么会这样。是因为在学校受到了欺负，还是因为在家里感到压力或不安？通过与孩子沟通，祖辈可以更好地理解孩子的内心世界，找到问题的根源。尝试这样去问孩子："你现在是不是觉得很生气？你为什么这么生气呢？"

当孩子感到生气或难过时，可以鼓励他们表达出来："我现在很生气，因为……"这样可以帮助孩子学会用更健康的方式处理情绪。

最后，祖辈应该为孩子设立清晰的行为规则，明确告诉他们什么是可以接受的行为，什么是不可以接受的行为。例如，可以告诉孩子："我们可以生气，但不能打人。"

育儿总结

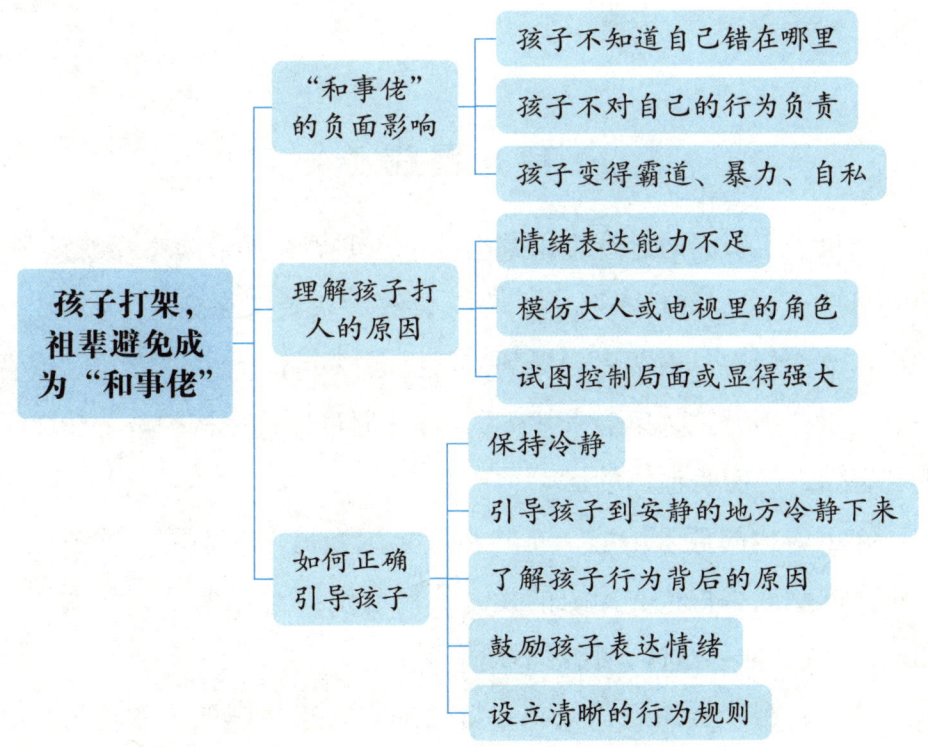

# 别用"狼来了"吓唬孩子

我们常常听到"狼来了"这样的恐吓故事,很多家长试图以此规范孩子的行为。然而这种恐吓式教育真的能培养出我们期望中的好孩子吗?这样的做法在短期内确实能达到目的,但长期来看,可能对孩子的心灵造成负面影响,我们需要重新审视并反思。

▶ 育儿聚焦 ◀

当孩子不听话时,许多祖辈会编造一些虚构的危险来吓唬孩子。他们可能会说:"你再不听话,晚上会有大灰狼来抓你。"为了让孩子迅速改变行为,祖辈还会提到"妖怪会抓走不听话的孩子",或者警告孩子"不睡觉,鬼会来找你",试图通过这些虚构的威胁让孩子感到害怕,从而听他们的话。

除了虚构的危险情境,有些祖辈会用亲情作为手段,试图让孩子感到内疚或害怕失去家人的爱。他们会说:"你不听话,我就不要你了。"或"你再这样,我就不爱你了。"

此外,祖辈常用惩罚或剥夺特权的方式来控制孩子的行为,例如"不听话就把你关在房间里"或"不听话就不带你去公园"。这些

第五章　让孩子的成长之路不跑偏

手段旨在让孩子意识到不听话的后果。

将社会排斥作为威胁也是一些祖辈常用的手段。他们会告诉孩子"其他小朋友不跟你玩"或"老师不会喜欢你",以这种方式让孩子更加注重社交行为和学习成绩。

更有甚者,一些祖辈会通过"你看人家小明多乖,你怎么这么不听话"这样的比较来羞辱孩子。

有的祖辈还会给孩子的行为贴上负面的标签,用"你真是个调皮鬼"或"你总是这么笨"来说孩子,希望以此促使孩子改变。

育儿进阶

恐吓式教育往往会让孩子深陷恐惧的旋涡,虚构的危险情境与夸张的后果描述使孩子感到深深的不安与焦虑。长期的心理重压会影响孩子的睡眠质量,诱发噩梦与夜惊等睡眠障碍,而且会消磨孩子的勇气与探索精神,让他们变得胆小、怯懦,创造力与活力大打折扣,影响正常的生活与发展轨迹。

隔代教育

当祖辈将亲情作为威胁的筹码时，孩子内心的安全感会被严重削弱，开始质疑自己的被爱程度，逐渐失去对家人的信任。这种情感的疏离与信任的缺失，对孩子的成长无疑是沉重的打击。

恐吓式教育还会让孩子过度依赖外部威胁来规范自己的行为，而不是基于内在的自我管理和责任感做出选择。这不仅削弱了孩子的独立性，更使他们难以在没有外界压力的情况下实现自律，久而久之，形成了"为逃避惩罚而行动"的消极心态。

此外，恐吓式育儿会让孩子对自己的行为产生深刻的负面认知，自我价值感大幅降低，自卑的情绪悄然滋生，威胁孩子的心理健康。

更糟糕的是，孩子会因害怕被拒绝而变得过于谨慎，在人际交往中畏首畏尾，甚至发展成社交恐惧症。为了避免这些危害，祖辈应该尽量避免使用恐吓式的手段，转而采用更加正面和健康的引导策略。

 故事时间

5岁的小宇是个调皮捣蛋的小男孩儿，姥姥陶春枝每天跟在他屁股后头跑东跑西，到了晚上睡觉时，他的精力仍然十分旺盛，躺在床上不肯睡，一会儿跳起来假装奥特曼，一会儿下床翻出自己的宝剑耍两下，搞得姥姥疲惫不堪。

为了让小宇乖乖睡觉，姥姥便对他说："你再不睡觉，大灰狼就

第五章 让孩子的成长之路不跑偏

会从窗户外面爬进来,把你吃掉!"

此时,外面有风刮过,刮得窗子"叮叮"响,小宇信以为真,吓得缩进被窝里。姥姥见达到了效果,十分满意。后来小宇睡着了,又被噩梦吓醒,他想上厕所,但又怕大灰狼在门外等着吃他,于是不敢动,结果憋不住尿了床,他感到无比难堪和害怕,忍不住哭了起来。

小宇妈妈听到哭声,过来安慰小宇,问他怎么了,小宇将姥姥讲的故事跟妈妈说了,妈妈温柔地说:"小宇,别担心,那只是个梦,没有大灰狼会来吃你。我们都知道你是勇敢的小奥特曼,对不对?"

小宇点了点头,但眼泪还是止不住地流,小宇妈妈只得陪小宇一起睡。

第二天,小宇妈妈跟姥姥沟通,让她不要再为了让小宇听话而吓唬他,这样容易让他产生心理阴影。姥姥没想到自己只是讲了个故事,竟然起了这样的反作用,她赶紧跟小宇解释故事是假

隔代教育

的，但小宇之后每天睡觉前都会将宝剑放到枕头边，说是为了防止大灰狼来吃他。

● 育儿指南

正面引导是一种更健康、有效的教育方式，能够帮助孩子建立自信，培养良好的行为习惯，以积极的态度面对生活中的挑战。具体应该怎样引导呢？

1. 与孩子一起制订明确的规则。与孩子一起规划每日的学习、娱乐和休息时间，清楚地告诉孩子你希望他怎么做，而不是你不希望他怎么做。例如，不说"不要在墙上画画"，而是引导说"我们可以在纸上画"。同时向孩子解释每项任务的重要性，如"完成作业可以帮助你更好地理解课堂内容，这样你在考试中会表现得更好"。

2. 避免使用威胁性的语言。当孩子表现出良好的行为时，用积极的语言来引导孩子，当孩子按时完成作业时，你可以说："你今天做得很好，没有拖延，尽快完成了作业。"

此外，给孩子一定的选择权，让他们感受到自我掌控的力量，比如"你是先完成数学作业，还是先写作文？你自己来决定"。

3. 用理解和耐心解决问题。面对孩子的不良行为，保持冷静与耐心至关重要，避免情绪化的反应。探究行为背后的原因，假如孩子拒绝做作业，可以温柔地询问："是不是觉得作业有点儿难？我们可以一起看看怎么做。"这样的处理方式既体现了理解，又能有效解决问题。

育儿总结

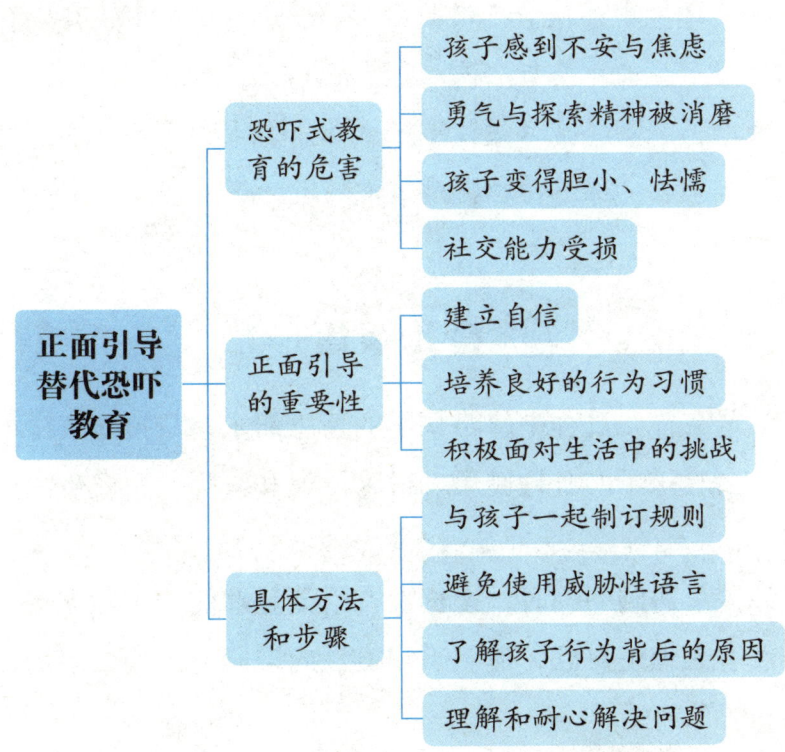

做孩子的心灵急救包，不做冷漠路人甲

孩子的心灵纯粹又天真，脆弱柔软又敏感。在这个复杂多变的社会环境中，他们不仅要面对学业上的压力，还要应对同伴间可能产生的矛盾与烦恼，以及来自家庭和社会的种种期待。作为家长，我们不能只关注孩子的物质需求和学习成绩，更应该重视他们内心的感受和情感需求。

育儿聚焦

当祖辈在育儿过程中忽略孩子的情感需求，只扮演"冷漠路人甲"时，会对孩子的心理健康、行为习惯和人际关系产生深远的负面影响。

假如孩子遇到问题时，家长没有给予足够的关注和支持，孩子会觉得没有人理解自己，他们不知道该向谁倾诉内心的烦恼，进而产生强烈的孤独感。

如果孩子在表达情感或寻求帮助时总是被忽视或批评，他们可能会逐渐失去自信，例如，孩子画了一幅画儿，兴高采烈地拿给祖辈看，但祖辈只是随便看了一眼，说"哦，不错"，孩子会觉得自己

第五章 让孩子的成长之路不跑偏

的努力没有得到认可，久而久之，他们的自信心会受到严重的打击，甚至产生自卑心理。

当孩子遇到挫折时，如果家长没有给予适当的安慰和引导，孩子则会陷入消极的情绪中，难以自拔。

当孩子的情感需求长期被忽视，他们可能会通过一些不良行为来吸引大人的注意，或者发泄内心的不满。例如，孩子可能会变得调皮捣蛋、故意违反规则，甚至出现攻击性行为；还可能表现出叛逆心理，拒绝听从家长的教导，甚至与家人发生冲突。

为了避免这些负面影响，祖辈应该时刻关注孩子的情感需求，给予他足够的关爱和支持。

育儿进阶

孩子的情感需求会通过多种方式表现出来，那么，孩子都有哪些情感需求呢？

隔代教育

首先是安全感，主要表现为依赖性强。去新地方时，孩子会紧紧抓住大人的手或衣服，不愿意离开。

害怕分离。当大人离开时，孩子表现出焦虑的情绪，甚至哭泣或拒绝离开。我们经常会见到这样的情景，早上送孩子上学时，孩子在学校门口哭闹。

对未知事物的恐惧。孩子对不确定的事情表现出恐惧，如黑暗、陌生人、新环境等。例如，孩子晚上不敢一个人去卫生间，或者害怕外面的风声。

其次是归属感，主要表现为在意他人的评价。孩子非常在意老师、同学或家人的评价，尤其是自己是否被接纳和喜欢。

寻求认可和支持。孩子会在完成任务或取得成就后，主动寻求他人的认可和支持。例如，孩子做完作业后会跑到大人面前说："你看我做得怎么样？"

作为家长，我们需要敏锐地观察孩子的行为、言语和情绪变化，理解他的真实需求。只有当我们真正理解了孩子的需求时，才能更好地满足他们。

 **故事时间**

孙爱梅做晚饭的时候，孙女林莹回来了，但林莹并没有像往常那样跳过来抱着她撒娇，而是情绪低落地说了句："我回来了。"

孙爱梅觉得不对劲儿，她擦干了手走出来，见林莹坐在沙发上，手里紧紧握着一张画纸，眼中充满了委屈。她问林莹："是不是在学

第五章 让孩子的成长之路不跑偏

校遇到不开心的事了?"

林莹抽泣着说:"老师批评我画得不好,还让我重新画。我好难过……"

孙爱梅坐下来,耐心地听林莹讲述她在学校的经历。原来林莹非常喜欢画画儿,但那天她因为紧张,画得不如平时好。老师当着全班同学的面指出了她的不足,这让林莹感到非常难堪。她觉得自己辜负了老师的期望,害怕同学们会嘲笑她。

孙爱梅认真地听着,时不时点点头,表示她在听。等林莹说完后,孙爱梅温柔地说:"莹莹,我能理解你现在的心情。被老师批评确实让人难过,尤其是你那么喜欢画画儿。换作是我,也会觉得不公平。"林莹听了奶奶的话,眼泪终于流了下来,但心里轻松了许多。

孙爱梅把她紧紧抱在怀里,轻声说:"莹莹,无论发生什么,奶奶都会在你身边。老师批评你是因为她希望你能做得更好,但这并不意味着你不优秀。你已经很棒了,每个人都不是完美的。"

听了奶奶的安慰,林莹终于露出了笑容,她一把抱住奶奶:"谢谢奶奶,我现在一点儿都不难受啦。"

隔代教育

> ● 育儿指南

在了解了孩子的情感需求后，就要学习如何满足这些情感需求，帮助孩子建立自信、积极的心态。不妨试试下面这些做法。

1. 让孩子有安全感。为孩子提供一个稳定、安全的环境，经常告诉孩子你爱他，无论他是否表现得完美。让孩子明白，家人永远是他的后盾。当孩子感到害怕或不安时，及时给予安慰，如拥抱、抚摸等，帮助他恢复平静。

2. 让孩子有归属感。定期安排家庭聚餐、看电影或户外活动，增强亲子之间的互动，让孩子感受到家庭的温暖和凝聚力。帮助孩子结交朋友，参加集体活动，如兴趣班、运动队等，培养他的社交能力，增强归属感。

3. 倾听孩子，理解孩子。当孩子想要倾诉时，放下手中的事情，专心倾听他说话。不要急于打断或给建议，先让孩子把心中的想法和感受表达出来。然后用温和的语言回应孩子的情绪，例如："我知

道你现在一定很难受,这种情况确实让人不舒服。"

育儿总结

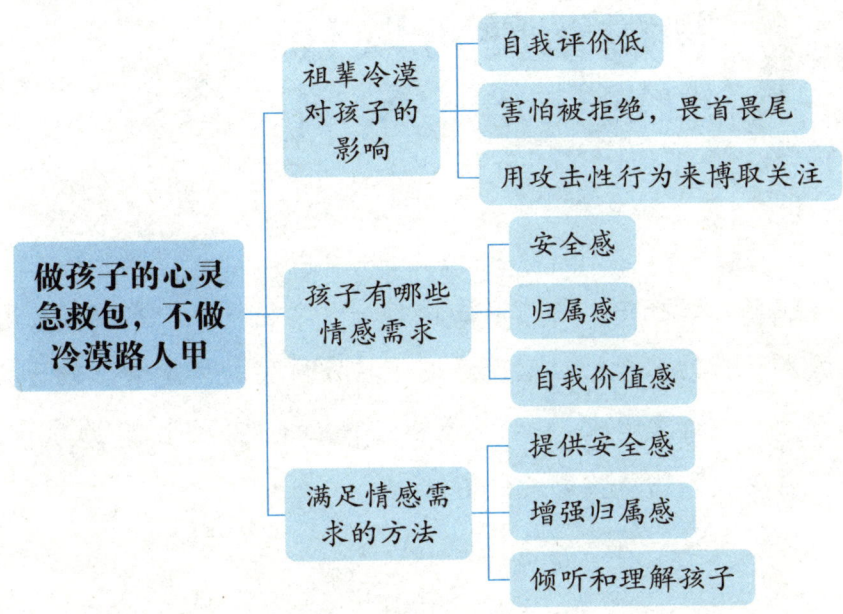

147

物质激励可以有，但别让孩子变成"贪心鬼"

在育儿过程中，物质激励作为一种常见手段，常被家长用来激发孩子的积极性。然而过度依赖物质奖励可能会让孩子陷入对物质的过度追求，甚至培养出"贪心鬼"。因此，作为家长，我们需要找到物质奖励的平衡点。

▶ 育儿聚焦 ◀

在孩子的成长过程中，适当的物质激励可以发挥积极的作用。

当孩子完成一项任务或取得进步时，给予适当的物质奖励可以让他感到自己的努力得到了认可。例如，孩子按时完成了作业，家长可以奖励他一张小贴纸，积累到一定数量后可以兑换一次特别的活动，如去公园玩耍或者看一场电影。这种奖励机制不仅能让孩子收获成就感，还能激励他继续努力，争取更多的奖励。

物质激励可以帮助孩子学会为自己的行为负责，并逐步培养自律能力。当孩子意识到自己可以通过努力获得奖励时，他会更加自觉地完成任务，而不仅仅是依赖外部的压力。有些家长会设立家务清单，规定孩子完成某些任务（如整理房间、倒垃圾等）后可以获

第五章　让孩子的成长之路不跑偏

得一定的积分，积分可以用来兑换小礼物或特权。通过这种方式，孩子会明白努力付出是有回报的，从而更加主动地承担责任。

物质激励还能帮助孩子学会设定目标，并为之努力奋斗。当孩子知道通过努力可以实现某个具体的目标时，他们会更加有方向感和动力。比如，一些家长会和孩子约定，期末考试取得好成绩的话，可以获得一次特别的旅行。

育儿进阶

虽然物质激励在短期内可以有效激发孩子的积极性，帮助他养成良好的行为习惯，但过度依赖物质奖励也会带来一些负面影响。

当孩子习惯了为了获得物质奖励而行动时，他们会逐渐失去对事情本身的兴趣和热情。例如，如果孩子只是为了得到小贴纸或玩具才做作业，那么一旦没了这些外部奖励，孩子

隔代教育

就会变得不愿意学习或完成任务。

过度依赖物质激励会让孩子形成功利化的思维方式，只关注结果而不重视过程。他们会为了获得奖励而急于求成，忽略了学习和成长过程中的乐趣和意义。这种心态不仅会影响孩子的学习态度，还可能让他们在面对挑战时缺乏耐心和坚持。

当孩子过于依赖物质奖励时，会逐渐将自我价值与外在的奖励挂钩，认为只有获得奖励才能证明自己的价值。这种心态会让孩子对自己的能力产生怀疑，尤其是在没有得到奖励的情况下，会感到失落和自卑。

事实上，物质激励的效果往往是短期的，慢慢地，孩子会对相同的奖励失去兴趣，或者需要更大的奖励才能继续保持动力。这不仅增加了家长的负担，还会让孩子逐渐形成"越给越多"的期望，最终导致物质激励的效果大打折扣。

故事时间

郑秀珍发现孙女奈欣最近不太好管了，她检查奈欣的作业，发现作业完成得特别差，而且老师也给她发信息，说奈欣在课堂上心不在焉，问她是不是最近家里发生了什么事。

郑秀珍问奈欣为什么突然这么消极，奈欣直言不讳地说："反正也没有奖励，我为什么要那么辛苦？"

第五章 让孩子的成长之路不跑偏

一句话让郑秀珍感到十分震惊，之前为了激发奈欣的学习动力，郑秀珍会用小礼物或者带她出去玩作为激励。有一次，奈欣为了获得一个流行的玩具熊，答应郑秀珍一定会在数学竞赛中获奖，为此她每天晚上都额外花时间做数学题，最终在比赛中获得了二等奖。郑秀珍兑现了承诺，奈欣高兴极了，抱着玩具熊爱不释手。

奈欣的物质欲望越来越大，如果郑秀珍没有提供她喜欢的奖励，奈欣就会表现出明显的懈怠，甚至拒绝完成任务。

后来学校组织了一次科学实验比赛，要求学生自己设计并完成一个实验项目。奈欣一开始很感兴趣，但在实验过程中遇到了一些困难，无法立即得出理想的结果。她感到非常沮丧，甚至想要放弃。她对郑秀珍说："这个实验太难了，我又拿不到奖励，我不想继续做了。"郑秀珍试图鼓励她继续尝试，但奈欣已经失去了动力，最终放弃了。

震惊过后，郑秀珍沉默了一会儿，心里五味杂陈。她想自己需要改变对奈欣的教育方式了。

隔代教育

● 育儿指南

要巧妙利用物质激励，同时避免孩子过度依赖外部奖励，我们可以采取以下几个策略。

1. 设定合理的奖励机制。确保孩子明白哪些行为值得奖励，奖励要与孩子的年龄和任务难度相匹配。例如，小孩子整理玩具可以获得小贴纸，大孩子完成作业可以获得外出机会。

2. 区分责任和奖励。要让孩子知道，有些事情是作为家庭成员应该做的，不是为了奖励，比如整理房间、照顾宠物等，完成后给予适当表扬，但不是每次都给予物质奖励。

3. 关注内在动机。帮助孩子发现做某件事的内在乐趣，比如画画儿。通过讨论孩子的兴趣，引导他们找到内在的动力。慢慢让孩子意识到，做自己喜欢的事情本身就是一种奖励，而不仅仅是为了获得外部的认可。

第五章 让孩子的成长之路不跑偏

育儿总结

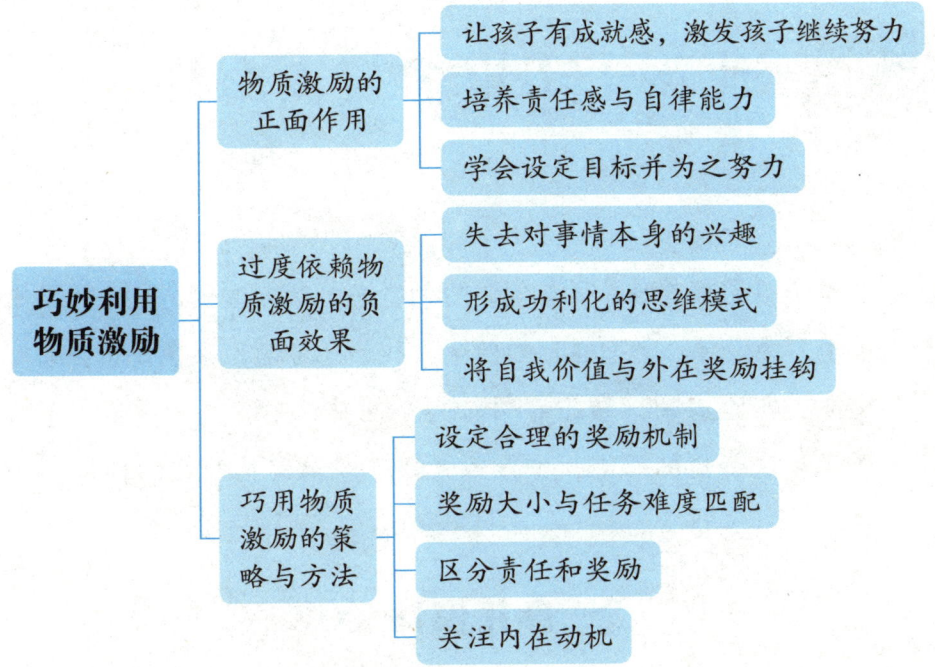

让孩子不惧怕与人交往

每个孩子都是独一无二的,他们带着好奇与羞涩,逐步探索这个多彩的世界。然而在面对陌生人和新环境时,不少孩子会感到紧张,甚至害怕。孩子害怕与人交往是一个常见的现象,家长要了解这背后的原因,方能帮助孩子脱离害怕社交的桎梏。

▶ 育儿聚焦 ◀

有些孩子天生比较安静,不太爱主动和陌生人说话,他们更喜欢一个人待着或者和好朋友一起玩。当遇到新环境或陌生人时,他们可能会感到紧张和害怕,但这不代表他们不喜欢交朋友,只是需要更多的时间来适应和熟悉。

这些孩子之所以会这样,有时候是因为他们从小缺乏和其他小朋友一起玩耍的机会。如果家长总是替他们处理社交问题,他们会因为缺少实际的社交经验而在与人交往时感到不安。

更糟糕的是,一些孩子可能曾经被欺负、嘲笑或排斥,这些负面的经历会让孩子对社交产生抵触情绪,生怕再次受到伤害。

家庭环境也对孩子与人交往的态度有很大影响。如果家里缺少温暖的氛围,或者家庭关系紧张,孩子会感到不安全,进而对外界产生恐惧，害怕与人交往。

还有一些孩子因为不够自信，觉得自己不够好，担心别人不喜欢自己，这种自卑感会导致孩子退缩，避免与他人接触。

也有一些孩子觉得自己的语言表达能力不够好，因此害怕与人交往。他们不知道应该如何流畅地表达自己的想法，担心在与人交流时感到尴尬或不知所措，尤其是年龄较小的孩子，这种担忧会更加明显。

育儿进阶

为了能让孩子更好地与他人沟通、合作、解决冲突，我们应该培养孩子的基础社交技能。

1. 教会孩子基本的礼貌用语。家长可以在日常生活中示范如何使用礼貌用语，例如在购物时对售货员说"谢谢"，在朋友家做客时说"打扰了"。孩子会通过观察进行学习。

2. 培养孩子倾听和表达的能力。告诉孩子在别人说话时要

隔代教育

保持眼神接触，不要打断对方。我们可以通过角色扮演的方式，模拟一些对话场景，教孩子如何做出回应，如点头、微笑等。当孩子有自己的想法或感受时，鼓励他们用简单的语言表达出来。如果孩子表达不清楚，家长可以帮助他们组织语言。

3. 引导孩子学会分享和合作。在家中创造分享的机会，例如一起吃点心时，鼓励孩子将食物分给家人；在玩游戏时，教孩子轮流玩，学会等待。

4. 提供安全的社交环境。如果孩子一开始不愿意与陌生人接触，可以从少量的朋友或亲戚开始，逐步扩大社交圈。例如，先邀请一两个小朋友来家里玩，等孩子适应后再增加人数。

故事时间

萌萌从幼儿园回来后，心情低落。姥姥石玉萍注意到她的异常，问："宝贝，今天怎么不开心哪？"萌萌告诉姥姥，她今天想和小朋友们玩过家家，但被他们拒绝了。姥姥轻声说道："其他小朋友可能心情不太好，这并不是你的错。"

为了帮助萌萌重拾自信，姥姥带她去了小区里的儿童游乐场，萌萌看到一群孩子正在滑滑梯，她不敢上前。姥姥拉着她的手说："我们先观察一下他们在玩什么，然后你可以试着加入他们。如果你觉得不太合适，我们可以找别的小朋友玩。"

在姥姥的鼓励下，萌萌鼓起勇气走向那群孩子："我可以和你们

第五章 让孩子的成长之路不跑偏

一起玩吗?"没想到孩子们热情地欢迎了她,还邀请她一起玩捉迷藏。萌萌逐渐放松下来,脸上露出了笑容。

回家后,姥姥对萌萌说:"你看,只要你勇敢尝试,其实很多事情并没有那么难。"

萌萌很开心,后来她交到了两个好朋友,每天都要和她们玩到很晚才回家。

但是好朋友之间也会吵架,这次吵起来的原因有点儿可笑,竟然是因为争抢一根树枝时,萌萌被戳到了手,萌萌认为朋友是故意戳她的,两人全都哭了。姥姥耐心地哄好萌萌,让她去跟朋友沟通,结果对方说是因为看到树枝上有刺,怕扎到人,要扔掉,不小心碰到了萌萌。误会解除,两人又开心地玩了起来。

● 育儿指南

孩子在社交过程中难免会遇到各种挑战,祖辈可以教导孩子用

隔代教育

如下方法应对挑战。

1. 应对被拒绝的情况。要让孩子明白，被拒绝不是因为自己不好。别人可能已经有了固定的朋友圈，或者当时的心情不好。要告诉孩子："每个人都有自己的选择，这并不代表你不够好。"

2. 处理被误解的情况。要教会孩子，当自己被误解时，首先要冷静下来，不要立刻生气或发脾气。鼓励孩子主动与对方沟通，澄清事实，可以说："我觉得你可能误会了我说的话，其实我不是那个意思。"

帮助孩子学会站在对方的角度思考问题，理解对方的感受，例如："如果你是她，你会怎么想呢？"

3. 解决冲突。当双方发生争执时，教孩子尝试找到彼此的共同点，而不是一味强调分歧。例如，可以说："我们都喜欢这个游戏，那我们可以轮流玩吗？"通过合作解决问题，孩子可以学会如何与他人协商，避免冲突升级。

当孩子意识到自己做错了事，教他们主动道歉，并真诚地说"对不起"。同时也要教孩子原谅别人的错误，不要因为小事耿耿于怀。

第五章 让孩子的成长之路不跑偏

这样可以让孩子学会宽容，增进与朋友的友谊。

育儿总结

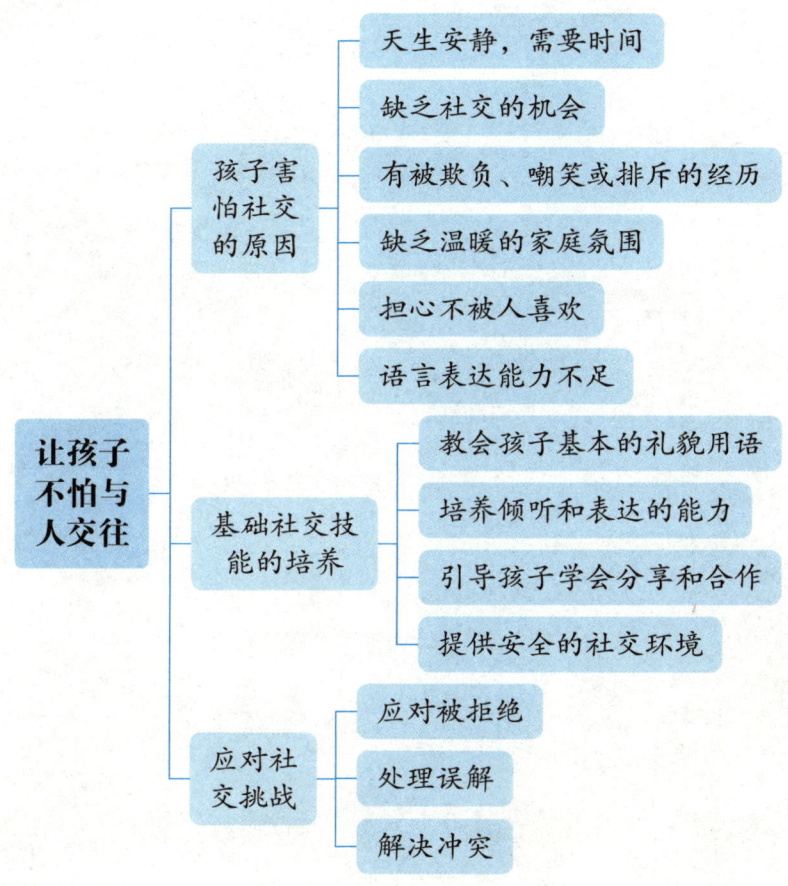

第六章

和孙辈沟通的妙招儿

　　祖辈可以通过巧妙的方法与孙辈建立深厚的情感。首先,成为忠实听众,耐心倾听孩子的想法,让孩子感受到被尊重和理解,增强自信心。其次,用真诚的夸奖传递满满的爱意,激发孩子的积极性;通过具体的表扬帮助孩子建立正确的自我认知。再用游戏和活动拉近关系,制造美好回忆,加深情感。最后,祖辈应成为孩子的坚强后盾,给予其支持和勇气,以肢体语言如拥抱和鼓励的眼神传递无声的关怀。

倾听孩子的想法，做他的忠实听众

你真的了解孩子吗？在忙碌的日常生活中，我们常常忽略与孩子进行深入交流。当孩子跟我们说话时，我们以为自己在听，但实际上我们并没有真正走进孩子的内心世界，对于孩子的快乐、恐惧、梦想和挑战，我们一无所知。

▶ 育儿聚焦 ◀

每个孩子都有自己的想法、感受和困惑，作为家长，我们要了解孩子有哪些心事，这样才能更好地与他们沟通，以下是孩子的几种常见的心事。

学校是孩子每天生活的重要场所，他们在学校里可能会遇到各种各样的问题。有时是同学之间的矛盾，有时是老师的要求过高，有时是功课压力大……这些问题会让孩子感到焦虑、无助，影响他们的学习状态。

孩子对家庭关系有着极高的敏感度，对于孩子来说，家庭是他们最依赖的地方，任何变化都可能让他们感到不安。因此，当爸爸妈妈吵架、亲人出现健康问题时，他们会因为担心而变得焦虑。

第六章 和孙辈沟通的妙招儿

随着年龄的增长,孩子开始思考未来,他们可能会担心自己能否考上好学校、如何交到更多的朋友等。

此外,孩子在成长的过程中,往往会对自己产生怀疑。孩子可能会觉得自己不够聪明、不够漂亮、不够优秀,尤其是在与同龄人比较时,这种自我怀疑会更加明显。

想让孩子吐露心事,就需要有听众,而家长就是那个最合适的听众。

 **育儿进阶**

倾听不仅仅是听孩子说什么,更重要的是理解他内心的需求和情感。

你的孩子应该不止一次在放学回来后兴高采烈地告诉你:"我们班今天发生了一件特别有意思的事!"如果这时,你能停下手中的事情,专注地听他讲述,并给予积极的回应,孩子就能手舞足蹈地讲上大半天。此后的每一天,无论遇到什么事情,他都会第一时间跟你分享。

隔代教育

孩子的情感世界比我们想象的要复杂得多。很多时候，他们不知道该如何表达自己的感受，或者害怕说出来后会被批评或忽视。作为祖辈，我们需要通过倾听来帮助他们理解和表达这些情感，避免他们将负面情绪转化为不良行为。

通过倾听，我们还可以了解孩子面临的困境，帮助他们找到合适的解决方案。即使我们不能立即给出答案，也可以通过提问的方式，帮助孩子厘清思路，引导他们从不同角度看待问题。

 **故事时间**

星期五晚上放学后，田晓低着头走进了家门，看到姥爷郭自力正坐在沙发上，手里拿着手机看微信群里的消息。田晓犹豫了一下，鼓起勇气坐到姥爷旁边，轻声说："姥爷，我今天在学校有点儿不开心……"

郭自力头也没抬，只是随口应了一声："哦，怎么了？"

田晓深吸了一口气，开始讲述他的烦恼："今天数学课上，老师因为我没交作业，当着全班同学的面批评了我。我觉得自己已经很努力了，每天都做作业，但还是赶不上进度……"

还没等田晓说完，郭自力突然打断了他的话："你又没交作业？这怎么能行呢？你是不是又偷懒了？马上就要小升初了，你怎么还这么不认真？"

田晓低下头，声音变得越来越小："有时候题目太难了，我做不

第六章　和孙辈沟通的妙招儿

完……"

郭自力皱了皱眉头，说："题目难？那你更应该多花时间去学呀！"

这时手机铃声响了，是一条新的短消息，郭自力立刻拿起手机查看，完全忘记了田晓还在旁边。

田晓默默地站起身，走回了自己的房间。

晚上，田晓做完作业出来喝水，听见姥爷打电话，提到了他的名字，他竖起耳朵听了听，结果听到姥爷正在说他小时候的糗事，边说边笑，他感到非常羞耻，心里充满了愤怒，他"砰"的一声关上门，决定以后再也不跟姥爷讲话了！

郭自力听见门响，回头看了看，自言自语道："这孩子又犯病了。"

育儿指南

那么，我们怎样才能成为孩子的好听众呢？

1. 保持耐心，不要打断孩子说话。孩子表达自己的想法时，不要中途打断他们,要给他们足够的时间表达。如果孩子一时说不清楚,我们可以用温和的语言引导:"你能再解释得更详细一点儿吗?"

2. 避免过度批评或纠正。当孩子表达自己的想法时,有些祖辈会忍不住纠正他们的错误或给出建议。建议用"我明白你的感受""我能理解你为什么会这么想"等话语来回应孩子的情感。

避免立即纠正孩子的错误,而是先问:"你觉得应该怎么解决这个问题?"如果确实需要纠正,可以用温和的方式提出:"我有一个不同的看法……你觉得怎么样?"

3. 尊重孩子的隐私,不随意分享。孩子在与我们分享内心想法时,可能会涉及一些他们认为非常私密的事情。因此,在孩子开始倾诉之前,可以先向他承诺:"你说的这些事情我会保密,不会告诉别人。"假如确实需要与其他家庭成员沟通,可以先征得孩子的同意:"你觉得我们可以一起讨论一下吗?"

第六章 和孙辈沟通的妙招儿

育儿总结

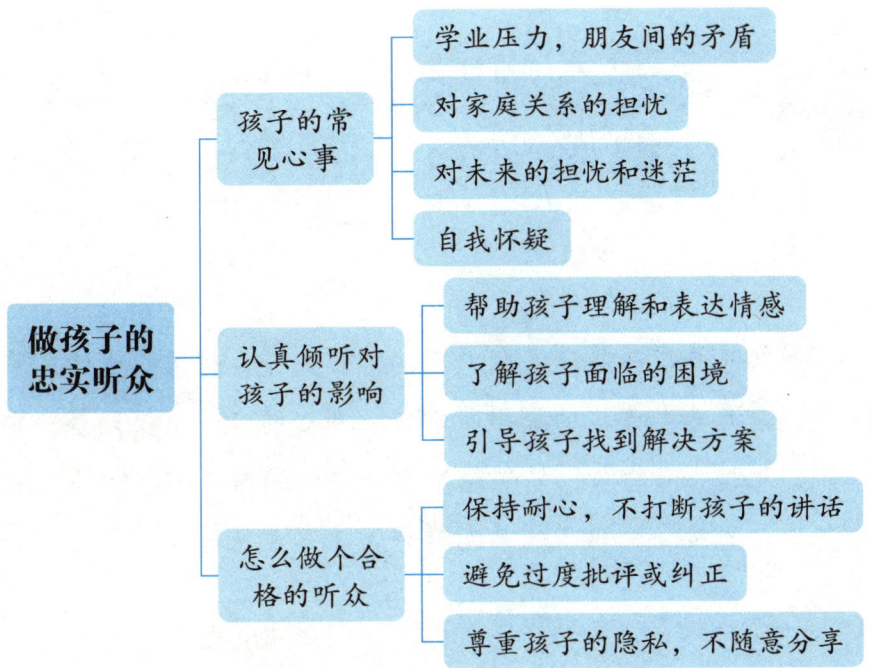

真心夸奖孩子，让他感受到满满的爱意

对孩子来说，夸奖是阴霾天的那束阳光，是黑暗中的那束火光，是寒冷冬天里的那个暖宝宝。真心的夸奖不仅仅是一种肯定，更是一种力量，能够激发孩子内心的热情和潜能。

你是怎么夸奖孩子的？怎样夸奖才算是正确的、真心的夸奖呢？

▶ 育儿聚焦 ◀

每一个孩子都渴望被看见、被理解、被爱。

当一个孩子在学习骑自行车时摔倒了多次时，如果家长只是简单地说"再试试"，孩子可能会感到沮丧。如果家长换个说法，对孩子说："你今天比昨天进步了许多，我相信你一定能学会！"孩子肯定会愿意继续练习。

为什么夸奖如此重要？

夸奖不仅仅是几句好听的话，它传递的是真实的情感，能够影响孩子的心理发展。当孩子得到真诚的赞美时，他会更加相信自己的能力。在孩子学习新技能的过程中，哪怕只是小小的进步，一句"你

第六章 和孙辈沟通的妙招儿

做得很好"都能让他感到自豪。

正面的夸奖可以帮助孩子形成正面的自我认知。比如，当孩子完成了一幅画作，家长可以具体指出哪些地方画得好："我喜欢你在这幅画里的颜色，特别是蓝色的天空，看起来非常生动。"这样的夸奖能让孩子知道自己的优点，还能激励他不断进步，获得更好的成绩。

夸奖还可以帮助孩子学会正面处理情绪，比如通过夸奖他的努力，可以帮助他理解过程的重要性，而不是只注重结果。

 育儿进阶

夸奖虽然重要，但也要适度，过度的夸奖会给孩子带来极大的负面影响。

有些祖辈的夸奖不切实际，夸奖的内容与孩子的实际表现

隔代教育

不符,甚至夸大其词。孩子画了一幅简单的画儿,祖辈却说:"你将来一定会成为著名的画家!"

不切实际的表扬会让孩子形成过高的自我期望,一旦现实与期望不符,他们可能会感到失望,甚至挫败。此外,孩子还可能会变得难以接受批评和负面反馈,因为他们习惯了听到"完美"的评价。

有些祖辈会忽略孩子的错误,即使孩子犯了错误或表现不佳,他们也一味地给予正面反馈,避免批评或指出问题。这种方式看似是在安慰孩子,实际上剥夺了孩子正视自己不足的机会。此外,他们可能会认为只要努力就行了,不需要追求更高的标准。

故事时间

王秀兰对孙子毛俊峰从小就实施夸赞教育。

毛俊峰会自己吃饭了,她使劲儿夸;毛俊峰会自己穿衣穿鞋了,她把孙子夸到天上去;毛俊峰随手将地上的小纸片捡起来丢进垃圾桶,奶奶夸张得好似毛俊峰获得了大奖。毛俊峰一直生活在一片赞美声中,仿佛他做的每一件事都值得夸赞。

毛俊峰上小学后,奶奶总是跟他说:"你是最聪明的孩子,学习对你来说就是小菜一碟!"因此,毛俊峰觉得自己是个天才。

很快,第一次单元测验的时间到了,毛俊峰并没有认真复习,认为凭借自己的"天赋"就能轻松应对。

第六章　和孙辈沟通的妙招儿

试卷发下来后，毛俊峰迅速浏览了一遍题目，心里想着："这些题目看起来并不难，我一定能拿高分。"然而当他真正开始答题时，问题接踵而至。有些题目他从未见过，甚至不知道如何下手。

几天后，成绩公布了，毛俊峰的各科成绩都不理想，他非常沮丧，常常在课堂上走神儿。

老师发现了他的异常，找到家长了解情况，最后发现问题的症结出在奶奶身上。因为她的过度夸奖，让毛俊峰高估了自己的能力，才导致了这样的结果。毛俊峰父母与奶奶商量了新的教育方式，希望能正确引导毛俊峰，让他健康成长。

● 育儿指南

夸奖需要讲究时机和方式，这样才能起到积极的作用。以下是一些实用的建议，助你学会真诚地夸奖孩子。

1. 夸奖要找准时机。当孩子刚刚完成一幅画作，兴奋地向你展示时，就是你送上夸奖的最佳时机。不要等到画作都干了，孩子的

热情也消退了，你才想起来夸奖。

2. 夸奖要具体。不要只是泛泛地说"你真棒"，而要说"我喜欢你画中的颜色搭配，很有创意"。这样的夸奖能让孩子知道你真的看到了他的努力和成果。

3. 夸奖要走心。不要只是嘴上说说，而要让孩子感受到你的真诚。比如，你可以蹲下来，平视孩子的眼睛，用温柔的声音和微笑来表达你的夸奖。

4. 夸奖要平衡。不只是成功的时候要夸奖，孩子努力尝试后，即使没有成功，也同样值得夸奖。比如孩子尝试骑自行车，虽然摔倒了，但你可以夸奖他的勇敢和努力。

5. 夸奖要自然。不要为了夸奖而夸奖，而是真心觉得孩子做得好，自然而然地表达出来。比如孩子主动做家务，你可以说："你今天主动做家务，真是个勤劳的好孩子。"

6. 夸奖要适度。不要过度夸奖，让孩子产生依赖，要让他知道

第六章　和孙辈沟通的妙招儿

夸奖是对他努力的认可，并不是做任何事情都会得到夸奖。

育儿总结

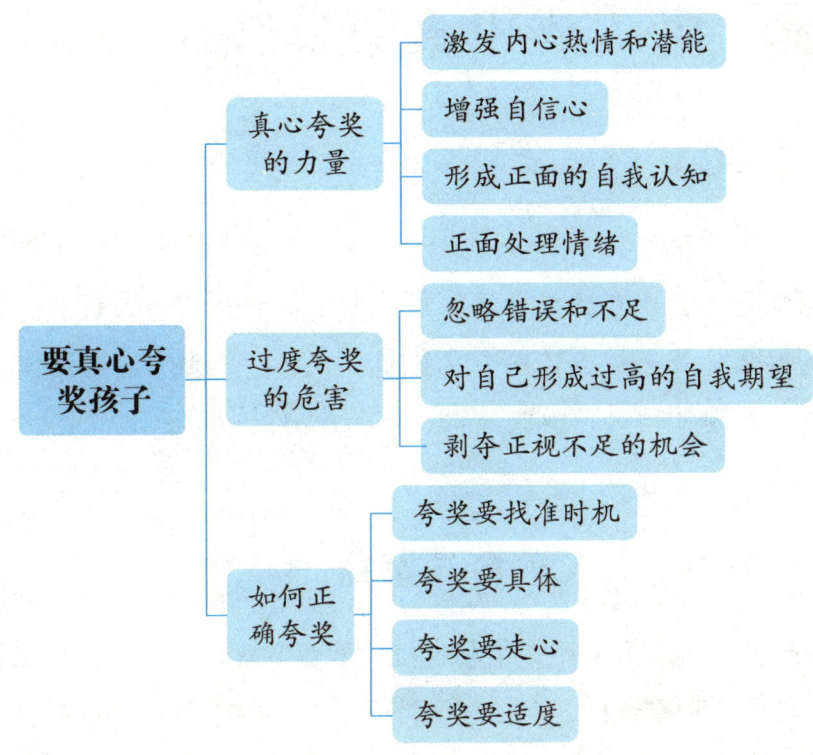

用游戏和活动带好娃

我们常听到这样一个词——"寓教于乐",这个教育理念强调的是让孩子在轻松愉快的氛围中学习和成长。在这个快节奏的时代,我们更应该重视这种教育方式,因为它能够让孩子在享受乐趣的同时,吸收知识、培养能力。

▶ 育儿聚焦 ◀

在过去,很多人采用严格和直接的教育方式,虽然这些方法在过去有其必要性和有效性,但在现代社会,它们的不足也日益明显。

老一辈教育孩子的时候,特别讲究规矩。比如孩子正在画画儿,天马行空地挥洒创意,奶奶可能会在一旁指导:"别瞎画,照着书上的样子来,你看你画的圆都不圆了,要画得像书上一样才好看。"

这样教育孩子会给他们套上无形的枷锁,限制他们的想象力和创造力。

在以前的教育中,老师或家长总是扮演着知识传授者的角色,单向地向孩子灌输知识。这样的教学方式会让孩子觉得枯燥乏味,对学习失去兴趣。

以前的教育方式还忽略了一个问题,就是每个孩子都不一样,

第六章　和孙辈沟通的妙招儿

只是一味地要求孩子按照统一的标准去学习，导致部分孩子无法充分发挥自己的潜力。

 **育儿进阶**

　　祖辈带孩子时，怎样实现寓教于乐呢？可以通过和孩子一起玩游戏、做活动打破代沟，这样不仅能拉近祖孙之间的距离，还能更好地提高孩子的能力。

　　1. 提高孩子的认知能力：许多游戏需要孩子通过动脑筋思考来解决问题，比如拼图、棋类游戏，能够帮助孩子提高逻辑思维能力、空间感知力和记忆力。

　　2. 提高孩子的社交能力：团队合作的游戏（如接力赛、角色扮演）可以帮助孩子学会与他人沟通、协作，理解规则，尊重他人的意见，培养同理心。

　　3. 提高孩子的动手能力：手工制作、绘画等活动可以锻炼

孩子的精细动作，培养创造力和想象力。

4. 提高孩子的情绪管理能力：在游戏中，孩子会遇到胜利和失败，这有助于他学会面对挫折，调节情绪，培养坚忍不拔的精神。

最后，孩子可以在这个过程中感受到长辈的耐心和鼓励，这种正面的互动有助于建立孩子对长辈的信任。

因此，家长不妨多花些时间，设计一些有趣的亲子活动，让祖孙之间的互动更加丰富多彩，为孩子的健康成长注入更多的正能量。

杨钦是个退休教师，他的孙子小成今年5岁了，正值活泼好动的年纪。为了让小成在快乐中学习和成长，杨钦设计了很多有趣的亲子游戏和活动。

晚上，杨钦会带着小成玩一个简单的数学游戏——"数字接龙"。这个游戏的规则很简单：两个人轮流说出一个数字，要求下一个数字必须是前一个数字的倍数或相邻数。杨钦先说了一个数字："5！"小成想了想，立刻回答："10！"杨钦笑着点点头，继续说道："15！"小成兴奋地拍手，大声喊道："30！"

小成逐渐掌握了规律，反应也越来越快。每当他正确说出答案时，杨钦都会鼓掌："你真棒！继续保持！"有时候，小成会犯一些小错误，比如把"25"说成"30"，杨钦则笑着纠正他："哎呀，

第六章 和孙辈沟通的妙招儿

差点儿就对了！"小成想了想，很快改正过来，两人玩得不亦乐乎。别的孩子在幼小衔接班学的知识，杨钦通过一个游戏就教会小成了。

一个周末的下午，杨钦准备了面粉、食用苏打、醋、红色颜料和一个小塑料瓶。他把苏打和醋混合在一起，塑料瓶里产生了大量的红色泡沫，就像火山喷发时的情景一样。

小成兴奋得跳了起来，欢呼道："哇，火山爆发了！"

杨钦给小成解释了这个化学反应的原理，小成开心地去跟奶奶分享，小小年纪的他把整个实验过程一字不落地说了出来。

> 育儿指南

如何设计亲子游戏和活动呢？以下是一些简单的设计思路，不妨试一试。

隔代教育

1. 挑选适合孩子的游戏。

小宝宝（3~5岁）：他们喜欢动手和模仿，适合拼拼图、搭积木，或者扮演小医生、小厨师。

小朋友（6~10岁）：他们对规则和竞争感兴趣，可以试试下象棋、飞行棋，或者去户外踢球、放风筝。

大孩子（11岁以上）：他们爱挑战，那就玩解谜游戏、科学实验，或者一起学编程。

2. 在游戏中加点儿料。

数学：玩数字接龙，或者模拟购物，让孩子算算账，锻炼他们的计算能力。

语文：词语接龙或者故事接龙，最后看看谁能编出最有趣的故事，锻炼孩子的语言表达能力。

3. 多互动，多合作。

竞赛：跳绳、猜谜语，看谁最厉害，给获胜者发小奖品。

创作：一起画画儿、做手工，或者烤个小饼干，然后共享成果。

4. 安排固定的时间。为了确保亲子游戏和活动能够长期坚持下去，建议安排固定的时间，逐渐形成一种习惯。可以选择每周的某

第六章 和孙辈沟通的妙招儿

个时间段，作为祖孙之间的"特别时光"。

育儿总结

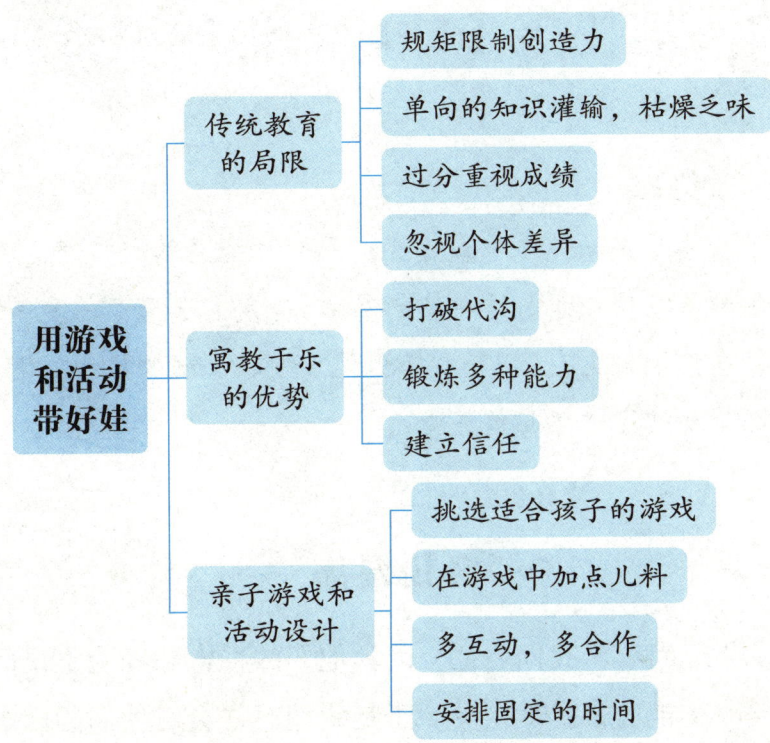

179

信任孩子，成为他的坚强后盾

什么才是亲子关系中最重要的元素？是无尽的关爱，还是悉心的教导？信任才是这一切的基础。当我们选择信任孩子时，不仅是在给予他自由，更是在为他构建一个坚强的后盾。因此，我们必须和孩子建立起信任关系。

▶ 育儿聚焦 ◀

孩子年纪尚小，我们往往会因为他们的稚嫩和经验不足而觉得他们需要时刻被监督、被指导。于是我们时常会对他们的话语抱有质疑，对他们的行为感到不放心，甚至有时会不自觉地流露出不信任的态度。

有些长辈习惯于质疑孩子的行为和选择，甚至在孩子尝试新事物时给予过多的批评。例如，当孩子想要参加某个兴趣班时，爷爷可能会说："你真的能坚持下去吗？别到时候又半途而废。"或者当孩子在学校表现不佳时，奶奶可能会责备他："你怎么这么粗心大意，下次一定要认真点儿！"这种负面的反馈会削弱孩子的自信心，令孩子害怕尝试新事物。

当孩子犯错或遇到问题时，有些家长往往不愿意听孩子的解释，

第六章 和孙辈沟通的妙招儿

而是直接下结论。例如,当孩子不小心打翻了杯子,爷爷可能会立刻责备:"你怎么这么不小心!"不给孩子机会解释。其实是因为桌子上的东西太多,孩子才不小心打翻了杯子。或者当孩子被老师批评时,奶奶可能会说:"肯定是你不对,老师不会冤枉你。"

家长不信任孩子会让孩子感到自己没有机会为自己辩解,进而产生不公平的感觉。这种行为会损害孩子的自尊心,孩子会变得不再愿意与长辈沟通,甚至对长辈产生抵触情绪。

育儿进阶

当我们被别人信任时,内心会感到温暖,孩子也一样。

当家人信任孩子时,孩子做起事来会更有底气,更愿意挑战新事物,因为他知道即使失败,家人也会支持他,不会因此小看他。

隔代教育

当孩子感受到家人对自己的信任时，会更愿意独立思考，做出自己的决定。这样的孩子更容易学会如何为自己的行为负责，培养独立解决问题的能力。

信任让亲子间无话不谈。有了信任，孩子和家人的沟通就变得容易多了。孩子愿意分享自己的想法和感受，因为他知道家人会认真倾听，不会嘲笑或批评。这种开放包容的沟通氛围让亲子关系更加紧密。

信任是孩子的坚实后盾。在孩子的心中，家人的信任就像是一个温暖而安全的小角落，即便外面的世界风雨交加，只要回头，他就能看到家人站在那里，给予他们无尽的支持和保护。这种安全感让孩子更加自信，也让他在面对挫折时更加坚韧不拔。

信任能让孩子学会担当。家人信任孩子，就是对他的一种肯定和鼓励。孩子为了不辜负这份信任，会更加努力地做好每一件事。孩子知道自己的行为对家人来说很重要，这会让他学会承担责任，成为有担当的人。

 **故事时间**

一天，小萱告诉奶奶闻素芬，她想参加学校组织的绘画比赛。闻素芬说："你画画儿还不够好，还是先练习一段时间再说吧。"小萱听了，脸上闪过一丝失望。

有一次，小萱吃饭时显得特别安静。闻素芬随口问了一句："今

第六章 和孙辈沟通的妙招儿

天过得怎么样？"小萱犹豫了一会儿，开口说："今天在学校，我和最好的朋友吵架了。"

闻素芬问她："是不是你惹她生气了？"

小萱立刻否认："当然不是了，是她不理解我。"闻素芬问明原委，不以为意地说："这点儿小事没什么大不了的。"小萱听了很委屈，觉得奶奶一点儿都不爱她。

几天后，小萱看着其他同学兴高采烈地讨论着绘画比赛，她的心里五味杂陈。她想，也许自己真的不行。

与此同时，小萱和她的好朋友之间的矛盾也没有得到解决。她不知道该如何去修复这段友谊，只能任由两人的关系越来越疏远。

从此小萱不再跟奶奶分享学校的事情，也不再提起自己的兴趣和梦想。小萱认为无论自己做什么，都不会得到奶奶的理解和支持。

直到闻素芬渐渐发现小萱的不对劲儿，通过一点一点地询问，

隔代教育

才知道因为她的无心之话,让孩子承受了那么大的压力,她郑重地向小萱道歉,然后给小萱报名绘画比赛,又帮她和好朋友重归于好。虽然小萱在比赛中没有取得名次,但和奶奶之间的隔阂消失了,这让她无比开心。

● 育儿指南

作为长辈,我们该如何建立和孩子的信任关系呢?

首先,充分尊重孩子,不要质疑孩子。孩子虽然年纪小,但有自己的想法和感受,作为长辈,我们要学会尊重孩子的个性和选择,避免质疑他们的行为和决定。

当孩子表达自己的意见时,你可以说:"我明白你的想法,让我们一起想想还有没有其他更好的办法。"

其次,我们要给予孩子足够的自由和空间。在安全范围内,允许他们尝试、犯错,而不是一味地指导、监督或者指责。我们应该

让孩子知道，即使失败了，也有我们在背后支持他们，我们永远爱他们，这样他们会更加勇敢地去探索世界。

最后，我们要做到言行一致。如果你答应了孩子某件事，一定要尽力做到。如果因为某些原因无法兑现承诺，也要及时解释，并寻找其他方式弥补。只有长辈做到言行一致，孩子才会逐渐相信你是一个值得信赖的人，愿意与你分享更多的事情。

要想和孩子建立信任关系，需要我们付诸行动。当我们成为孩子的坚强后盾，孩子会更加自信、更加勇敢地面对生活的挑战。

育儿总结

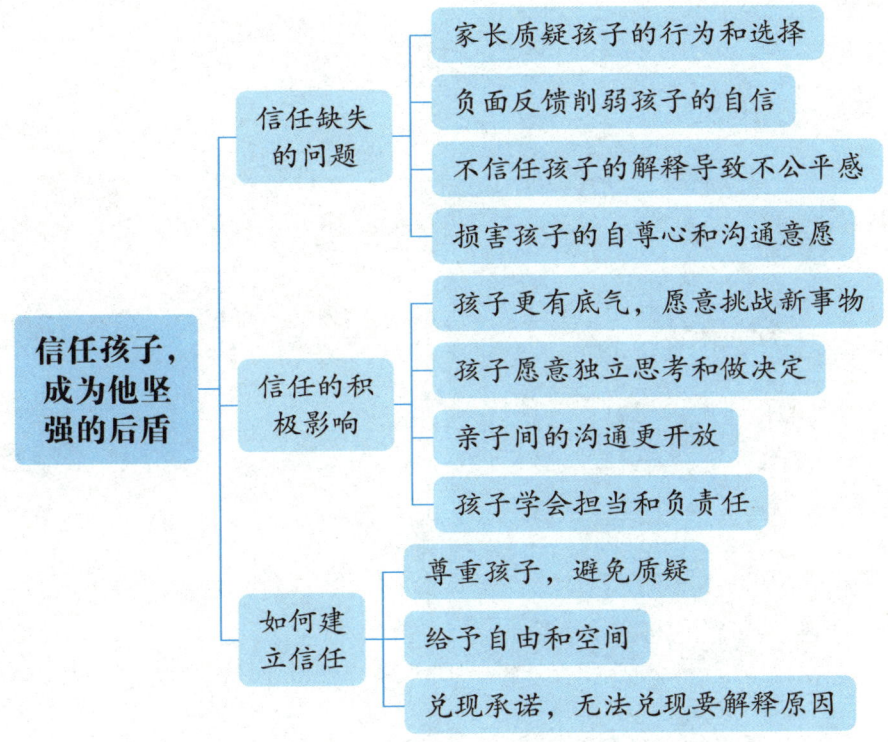